北京民族教育丛书

夏铸

夏铸：藏族，教育部民族教育司原司长，现国家副总督学、
中国少数民族教育学会副会长兼秘书长。

北京民族教育丛书

初中民族团结
融入学科教育读本

北京市第五十六中学 编著

民族出版社

北京市人民代表大会常务委员会

《北京民族教育丛书》编委会全体同志：

值《北京民族教育丛书》出版之际，谨表示热烈的祝贺！向参加过丛书编写工作的每一位同志致以崇高的敬意！

《北京民族教育丛书》是对多年来首都民族教育事业的发展，首都发挥民族教育的窗口作用和辐射作用的全面总结与理论提升。

祝贺《北京民族教育丛书》的出版，相信这部书一定会为首都民族教育整体水平的提高提供强有力的理论支持，并为巩固和发展平等、团结、互助、和谐的社会主义民族关系，维护民族团结，促进各民族的共同繁荣与发展发挥出重要作用。

国　家　总　督　学　顾　问
联合国教科文组织协会世界联合会副主席
亚太地区联合国教科文组织协会联合会名誉主席
中　国　民　办　教　育　协　会　会　长
中　国　教　育　学　会　副　会　长

2009 年 11 月 16 号

《初中民族团结教育融入学科教育读本》
编写组成员

主　编：王旭明

副主编：段富刚　张万聪　陆　越

编　委：（按编写顺序排序）

于海莲　王红梅　王京荣　王　贺　刘娟坤

刘晓丹　刘　颖　孙　珊　何　鑫　吴以莉

吴幼梅　宋清照　宋　微　宋满林　张永旺

张　轲　张　磊　李争艳　杨兆君　杨阿青

孟睿瑞　庞立辉　林　渝　果　苗　金　岩

赵乃宁　赵红菊　原海杰　徐　巍　郭　涛

钱艺萍　高宏丽　高建忠　崔莉萍　翟淑云

努力开创首都民族教育工作新局面
（代总序）

民族教育是整个教育事业的重要组成部分,也是党和国家民族工作的重要内容。北京是全国政治、文化和国际交往的中心,是我国各民族的首都,也是多民族散杂居的地方。首都民族教育工作关系到少数民族群众的根本利益,关系到首都乃至全国的稳定,关系到民族团结和国家的统一。

为全面落实国务院《关于深化改革加快发展民族教育的决定》(以下简称《决定》)和第五次全国民族教育工作会议精神,北京市教育委员会、北京市民族事务委员会于2002年就共同提出应从以下八个方面加速推进首都民族教育的改革与发展。

一、提高认识,加强对民族教育工作的领导

民族教育是整个教育事业的重要组成部分,也是党和国家民族工作的重要内容。北京是全国政治、文化和国际交往的中心,是我国56个民族的首都,也是多民族散杂居的地方。首都民族教育工作关系到少数民族群众的根本利益,关系到首都乃至全国的稳定,关系到民族团结和国家的统一。各级领导要从讲政治的高度、从大局和战略的高度,提高对民族教育工作重要性的认识,把民族教育工作摆到重要位置来抓。要认真学习、领会第五次全国民族教育工作会议精神,学好《决定》,结合实际,认真总结民族教育工作的基本经验,分析民族教育发展中遇到的新情况、新问题,提出新形势下做好民族教育工作的新思路。要进一步贯彻落实《北京市少数民族权益保障条例》和有关的民族政策,把发展民族教育纳入法制轨道。

要切实加强对民族教育工作的领导,树立民族教育优先发展的观点,将民族教育事业的发展纳入教育发展的整体规划之中,将民族学校的建设纳入基础设施建设计划,给予优先安排。要在部署、总结年度工作时把民族教育工作作为一项重要内容,把民族教育工作开展情况列入教育督导检查项目,并建立通报制度。各区县要有相应的机构和人

员负责民族教育工作,确保民族教育工作的政策、措施落到实处。

二、优化资源配置,办好每一所民族学校、幼儿园

根据经济和社会发展需要及人口和生源变化情况,进一步加强民族学校的规划与建设,合理调整民族学校布局,促进教育资源的优化配置。对于一些生源少、办学规模过小,继续办学较为困难的民族学校可采取与相邻办学条件较好的学校合并的方式进行调整,调整后仍可保留民族学校的牌子。布局调整后保留的民族学校要依据新的办学条件标准加强建设,要建设一所,达标一所。凡撤并、置换民族学校,需做好当地少数民族群众的工作,并征得区县民族工作部门同意后分别报市教委、市民委备案。要加强民族职业学校和回民中学示范高中建设,适当发展寄宿制学校,满足少数民族群众多层次的教育需求。

要积极发展少数民族学前教育,在少数民族聚居区,至少要办好一所市颁标准的民族幼儿园。

三、加强队伍建设,提高干部、教师的素质和水平

要把干部、教师队伍建设摆在民族教育发展的优先位置。采取倾斜政策,优先为民族学校(幼儿园)配备优秀师资,优先考虑民族学校(幼儿园)骨干教师的培养。2003 年起,市教委、市民委通过依托有关部门举办民族学校骨干校长、教师研修班;适时选派优秀干部、教师国内考察,出国培训;组织北京市城区学校与郊区县民族学校对口支援等多种形式,提高民族学校干部、教师的能力和素质,培养一批民族教育骨干教师和学科带头人。要继续组织好"民族教育烛光杯奖"评选表彰活动,激励民族教育工作者立志民族教育工作,无私奉献,扎实工作,勇于创新。各区县也要从实际出发,紧密结合教学改革对教师教学思想、业务知识、教学能力提出的新要求,做好民族学校教师培养、继续教育和培训的工作。加强民族学校校长队伍建设,提高校长依法治校和科学管理的意识、能力和水平。

四、深化教育教学改革,增强办学活力

从少数民族群众需求出发,积极探索与民族经济和社会发展相适应的民族学校办学模式。抓住当前基础教育课程改革的契机,从课程设置、教学内容、教学组织形式、管理方式、教试制度等方面深化改革,办出少数民族教育的特色,使民族教育切实为提高少数民族人口素质服务,为民族地区经济和社会发展服务。

要积极引导各级各类民族学校深化办学体制、管理体制改革,通过改革提高自身发展能力。进一步调动社会各界关心民族教育,支持民族教育的积极性,鼓励和支持社会

力量办学,形成以各级政府办学为主,多渠道办学的格局。

加强民族教育的教科研工作,发挥民族教育研究会的作用,以课题研究的方式,运用科研成果提高全市民族教育的水平。

五、广泛深入开展民族团结教育活动,搞好民族团结教育

要将民族团结教育列为中小学教育工作的重要内容。充分利用相关学科的社会实践基地,课外、校外民族传统活动等灵活多样的方式,有重点、分层次、有针对性地在中小学生中开展民族团结教育。要将民族团结教育列为爱国主义教育、公民道德教育的重要内容,重点加强马克思主义民族观、宗教观和党的民族、宗教政策的教育,加强我国各族人民为中华民族统一多民族国家的形成而浴血奋斗的历史教育,加强各民族人民在党的领导下建设社会主义伟大国家的教育,使各族师生进一步增强"汉族离不开少数民族,少数民族离不开汉族,少数民族之间也相互离不开"的思想,牢固树立自觉维护国家统一、反对民族分裂的思想意识,增强学生的社会主义法制观念、道德观念。

六、加大投入,进一步增强对民族教育的扶持力度

市教委将继续在市级教育附加费中设立民族教育专项经费,用于支持民族学校改善办学条件。全市组织实施的示范高中建设、农村中小学建设、教育信息化建设等项工程也要对民族学校给予倾斜。

各区县在安排教育资金时应当考虑对民族学校的扶持。已经设立专项经费的,要充分发挥资金的使用效益。还未设立专项经费的,要按照国务院的文件要求尽快设立,用于帮助民族学校和民族托幼园(所)加强教师队伍建设,改善办学条件,提高教育质量,解决贫困民族学生就学困难。区县要在分年度实施公用经费达标计划时,保障民族学校优于普通学校率先达到新修订的《北京市普通教育事业公用经费定额标准(试行)》。

七、加快教育信息化建设,为民族教育发展构建现代化技术支撑平台

根据北京市提出的"十五"期间中小学教育信息化建设目标要求,大力推进民族学校办学手段现代化。充分发挥现代化信息技术特有的优势,为民族学校的教学及教师培训服务,推动办学形式、教学模式、学习方式等方面的变革。民族中小学应优先建成校园网,实现校校通;优先做到小学、初中学生平均每十人拥有一台计算机,高中学生平均每八人拥有一台计算机。加强对民族学校信息技术骨干教师的培养,促进信息技术在教育教学和管理中的广泛应用。努力提高干部教师应用信息技术的能力和对优质教育资源的共享能力,提高教育管理的现代化程度。

八、继续做好对口支援西部工作,办好北京西藏中学和潞河中学新疆高中班

要按照中共中央、国务院《关于推动东西部地区学校对口支援工作的通知》精神,发挥北京教育资源优势,加大对口支援西部教育的力度。积极开展教育系统与西部地区的合作,扩大在西部地区的招生规模,为西部地区经济社会发展培养急需人才。进一步落实北京与内蒙古教育对口支援、合作项目,提高对口支援的效益。

下力气办好北京西藏中学和潞河中学新疆高中班。要注意总结办校、办班工作的经验,解决办学、招生中遇到的新问题,进一步完善有关管理办法。在资金投入、硬件设施配置、师资配备等方面继续给予政策倾斜。努力把西藏中学、潞河中学新疆高中班建设成为办学条件、管理水平处于全国领先地位的一流的民族教育示范窗口。

近年来,北京市的民族教育有了长足的发展,取得了可喜的成绩。正是在这种背景下,我们组织编写了《北京民族教育丛书》。丛书选编了北京市民族学校进行民族团结教育教学、科研的经验总结,编写了民族体育、民族文学、民族工艺、民族舞蹈、民族歌曲等方面的教学读本,也对各民族学校开展民族团结学科渗透教育的创新教学方式进行了总结。在编写中,从中小学教师教学、科研的需要出发,力争使每一本书都对提高中小学教师科研、教学的素质和水平有所助益,力争为教师们进行民族团结教育提供一些材料,从而更好地推广民族团结教育工作。

本次编写出版工作得到北京市教委、各民族学校的大力支持。相信在大家的共同努力下,本套丛书的顺利付梓出版,将推动民族团结教育的进一步发展!

《北京民族教育丛书》编委会
2009 年 8 月

同心凝聚民族情，教育铸就团结梦
（代序）

漫步在北京市第五十六中学别致的教学楼中，就像是走进了民族艺术和文化的殿堂，一层是图文并茂的民族知识介绍，二层是关于民族服饰的学生绘画作品，三层是有关少数民族的励志名言，四层是有关民族剪纸艺术的学生作品。世界各民族的艺术都是相通的，都能引起人们追求真善美的共鸣。

其实不仅是教学楼走廊中，五十六中校园内处处充满了民族团结教育元素。学校操场墙壁被设计成了校园民族文化墙，学校还专辟了民族团结教育专用教室。可以说，学校将民族文化融入到了校园文化建设之中，校园文化成为了学校民族团结教育的辐射源、能量库，成为了一部无声的教科书。

国家民委主任王正伟曾提到，民族团结重在交心、以心换心，民族工作重在平时、抓好平常。北京五十六中的民族团结教育，正是对这"两个重在"的落实和升华。

重在交心——将心比心，真心换真情

民族关系落实到细处还是人与人之间的关系，平等待人、互相尊重、坦诚相待、己所不欲勿施于人是人际交往的基本原则，也是民族相处的原则。五十六中提出"以人为本、和谐发展、科学管理、全纳成功"的办学理念，其中全纳的理念是指使学生感受到被接纳的愉悦，懂得被正确评价和正确对待的重要性。将此理念延伸到民族关系中，学生们会自然接受正确对待其他民族的观点，赞同在民族大家庭中每一个民族都发挥着重要作用，形成在民族团结中要积极发挥自己作用的意识。五十六中2007年获北京市民族团结教育先进校称号，2009年被评为北京市民族团结教育示范学校，荣誉的得来绝非浪得虚名，背后有深厚的理念做支撑。

五十六中虽然不处于少数民族聚居地区，在无法进行面对面交流的情况下，五十六中人认为，文化是连接各民族最好的纽带。文化包括民族精神、艺术、体育运动等多个方面，为此学校积极进行以爱国主义为核心的民族精神教育，广泛开展民族体育运动，引导学生学习民族艺术，实现了身隔万里、精神相交的效果。

重在平时——滴水穿石，常抓见成效

北京市五十六中中华民族统一多民族国家形成历史的校本课程的开发，是一个渐进性、长期性的过程，可能需要几百年甚至上千年的交流、磨合，五十六中通过什么方式保障民族团结教育工作可持续进行下去？五十六中在规划层面进行了顶层设计，并建立了制度保障，具体有以下几项措施：

建立管理体系，促进落实。学校成立了以校长、书记为组长的民族团结教育领导小组，统筹协调以德育活动为载体、以课堂教学为主渠道、以后勤保障为后盾的民族团结教育活动。学校重视相关课题的研究工作，发挥科研引领作用。

整合三级课程，开发校本课程资源，使民族团结教育进课程、进教材、进教室。学校严格执行国家课程、地方课程中关于民族团结教育的要求，并将民族团结教育作为校本课程开发的突破点。在初一、高一年级设立校本必修课程《民族知识》，重点介绍各民族概况、国家民族政策等；高中学生可以凭兴趣选修民族书法、旅游、音乐、雕刻等课程；在初高中都开设了民族体育课程，学校纳入初中课程的有推铁环、绫球，纳入高中课程的有珍珠球，纳入课外活动的主要是陀螺、珍珠球、蹴球。

在教材开发的过程中，学校在培训教师的基础上，要求各教研组、各科教师结合《指导纲要》及新课标，进一步细化各学科、各年级的民族团结教育的融入点，以形成梯度和系列。每学科推出 2~3 个有代表性的融入民族教育的学科知识点，在教研组内进行深入研讨、精心设计，并最终形成较为完善的实施方案。如我校在编写《初中民族团结教育融入学科教育读本》的过程中，在专家的指导下，学校认真组织、精心布置，各教研组群策群力、积极挖掘，集思广益，细致筛选，最后几乎初中阶段开设的所有学科挖掘出多个民族团结教育融入学科的知识点，然后按照以下结构进行统一编写：

（1）教材中民族团结教育知识点
（2）民族团结教育的切入点
（3）教材中可涉及的民族
（4）教学目的
（5）教学设计
（6）教学反思
（7）教学资源

建立学校与社区互动机制，强化辐射作用。学校将校内丰富的民族教育资源免费提供给社区居民，每年春节、中秋学校都会到社区慰问回民老人。这些举措很好发挥了学校民族团结教育基地的示范、引领、辐射作用。

总之，民族团结教育是一项长期的系统工程。这也是一项政治性强、政策性强、涉及知识面广的教育工作。作为北京市民族团结教育示范校，我们要从讲政治的高度掌握政策，引导师生提高认识，自觉行动；从促进师生全面发展的深度，加强协调，统筹安排，通过课题的研究，使学校民族团结教育工作朝着科学化、规范化和制度化的正确方向发展，更充满活力，更具有实效性。

王旭明

2014 年 8 月

前　言

中国是一个有着悠久历史的文明古国，又是一个多民族的国家，有 55 个少数民族，其人口占我国人口总数的 9.44%，分别居住在我国总面积 50% ~ 60% 的广阔土地上。在义务教育阶段，民族团结教育融入课堂就显得尤为重要。

为推进中小学民族团结教育，《教育部办公厅、国家民委办公厅关于印发〈学校民族团结教育关于学校民族团结教育指导纲要（试行）〉的通知》（教民厅［2008］9 号）下发后，市教委办公厅、市民委办公厅向各区县教委民族宗教办公室下发了《关于转发学校民族团结教育指导纲要（试行）的通知》（京教办［2009］2 号），并结合中小学民族团结教育工作实际，提出了贯彻落实的具体要求。我们编写的这本《初中民族团结融入学科教育读本》就是在《学校民族团结教育关于学校民族团结教育指导纲要（试行）》精神指导下的教学实践活动，以期进一步提高民族团结教育工作水平，以此促进各民族学生之间的相互了解，加强各民族学生之间的相互团结，使学生增强社会责任感，自觉维护祖国统一和民族团结。

在此读本中，我们编选了初中 12 个学科中有关民族团结教育融入点的教学内容。对融入点在教材中的位置、融入点的教学目标、教学设计、教学反思、教学资源进行了整理，以方便学校日常教学选用。

目 录

语 文 篇

数 学 篇

（教师）
笔记

英 语 篇

物 理 篇

化 学 篇

生 物 篇

信息技术篇

政　治　篇

历　史　篇

地　理　篇

（教师）
笔记

（教师）笔记

语 文 篇

（教师）
笔记

初一年级

我也"追星"

一、教材中的位置

本节采自《义务教育课程标准实验教科书·语文》七年级（下册），第三单元《写作·口语交际·综合性学习》，第115页。

二、民族团结教育切入点

本单元以介绍古今杰出人物为切入点，意在传递健康的价值观和进行民族团结教育。其中所选人物均是对社会发展做出巨大贡献的杰出人士，他们或为叱咤风云的政治家，或是运筹帷幄的军事家，或是博学多识的科学家，或是给人类提供宝贵精神食粮的文学家……

本单元"综合性学习实践活动"承接以上主旨，选取我国少数民族中的杰出代表人物，讲述他们的事迹和高尚品格，对初中学生中普遍存在的"追星"现象加以正确引导，树立健康的情感、态度和价值观。

三、教学目标

（1）使学生了解不同领域中杰出的少数民族人物以及他们的成就，培养民族自豪感。

（2）使学生认识到真正应该学习的是"明星"的品质。

（3）培养学生的小组合作能力及筛选信息的能力。

四、教学设计

（一）课前准备

把学生分成 4 个小组，每个小组分别在科学、文化艺术、文学、体育等领域中，通过网络、书籍等资源搜集各个领域中杰出的少数民族人物代表以及与其相关的故事、文章、音频、视频等材料。各小组成员自行分工，以期圆满完成任务。

（二）小组展示

各小组轮流展示本小组搜集到的信息。

1. 科技组

【展示 PPT 材料】少数民族中杰出的科技人才

李四光（1889—1971 年），蒙古族，出生于湖北省黄冈县回龙山香炉湾，是我国著名的地质学家，获中央研究院院士、中国科学院院士等荣誉。他最大的贡献就是首创我国地质力学，并从力学的角度出发研究地壳运动现象，探索地质运动与矿产分布规律、"新华夏构造体系"的特点；同时从分析我国的地质条件入手，最终证明了中国的陆地一定有石油，进而从理论上推翻了"中国贫油"的谬论，肯定了中国具有良好的储油条件。

1920 年，李四光担任北京大学地质系教授兼系主任；1928 年，于南京任中央研究院地质研究所所长；后又当选为中国地质学会会长。新中国成立后，他被委以重任，先后担任地质部部长、中国科学院副院长、全国科联主席、全国政协副主席等职。1951 年 8 月，中国长春地质专科学校、山东大学地质矿产学系、东北工学院地质学系和物理学系合并为东北地质学院（后更名为长春地质学院，现为吉林大学地学部），李四光担任该院首任院长。1952 年，李四光再次应邀回到中国科学院地质研究所工作。

韦钰（1940—），壮族，生于广西桂林，我国著名的电子学家、教育学家。1961 年，毕业于原南京工学院无线电工程系；1965 年，南京工学院电子工程系研究生毕业；1981 年，获西德亚琛工业大学工学博士学位，是第一位获得博歇尔奖章的中国人，也是我国第一位电子学女博士；1994 年，当选为中国工程院首批院士；之后又分别担任全国政协教科文体委员会副主任、中国科协副主席、原中国教育部副部长、原东南大学校长。

1980 年初，凭借在电子学方面卓越的才华和潜力，韦钰荣获联邦德国最高科学研究奖学金——洪保奖学金。然而国外给予的成功光环、热情挽留、优厚待遇，都没有打动韦钰回到祖国怀抱的炽热之心。她在给亲人的信中曾写下这样一句意味深长的话："金屋好、银屋好，还是自家的木屋好。"以表达她对祖国的深深眷恋之情。1981 年底，满怀报效祖国的赤诚之心，带着用自己节省的12000 马克购买的 200 公斤科技资料、一台微型电子计算机，韦钰回到了阔别 3 年的祖国。

回国后，她的目光从电子学转向国内还没有人做的生物分子电子学，开辟了一个全新的学科。她建立了第一个分子与生物电子学实验室，并创建国内第一个"生物电子学"博士点。同时，韦钰在中国高等教育改革和发展现代远程教育方面也做出重要贡献，是教育部和中国科协共同创办的"做中学"科学教育实验项目、"明天小小科学家"项目的发起人之一，对青少年辅导员和青少年工作做出了积极贡献。

曲焕章（1882—1938 年），彝族，出生于云南省江川县后卫赵官村，后迁居通海、昆明，是"云南白药"的创始人，也是民国时期杰出的少数民族医药学家和中医外伤科专家。

他根据长期医疗实践，同时不断地认真研究彝族民间一些功效显著的治跌打损伤药方，并加以改进，最终研制出"白药"配方，后来制成成药，对刀伤、枪伤、创伤出血、跌打损伤、止血消炎有特效，亦能治妇科、慢性胃疼等病，疗效显著，得到人们广泛称颂。1916 年经官方验证，立案生产，定名为"百宝丹"。而抗战时期，国民党威逼利诱，令其交出秘方，多次为其所拒。终于在 1938 年 6 月，被扣重庆，8 月受迫而死，时年 56 岁。新中国成立后，"云南白药"受到政府高度重视，产品的质量、产量都有大幅度提高，享誉国内外，而曲焕章的名字也永存人间。

2. 文化艺术组

【曲艺鉴赏】曲艺界精英

一组歌曲联唱《辣妹子》、《Super girl》、《小丑鱼》、《舞娘》、《天路》。猜一猜演唱者是谁？之后欣赏大师相声作品，并简介相声大师侯宝林。

（教师）
笔记

【参考资料】歌曲演唱者简介

宋祖英，苗族，中国著名女高音歌唱家、国家一级演员。代表作品有《小背篓》《辣妹子》《爱我中华》《越来越好》《好日子》等。她曾捐助中国最具影响的"希望工程"，并成立"宋祖英教育基金会"。宋祖英在演唱事业上的非凡天赋和卓越成就不仅表现在她能不断将自己的艺术追求与中国优秀民族音乐融合，更在于她的演唱作品清晰地体现着对中国民族声乐传承、拓展和再创造。而且，她的演唱技巧注入了时代音乐艺术技法，形成了自己独特的声乐艺术表达方式和演唱风格，是当代民族声乐艺术的重要标杆和绚丽景观。

韩庚，赫哲族，流行歌手、演员，代表作品有《Sorry Sorry》《Super Girl》《Show Me Your Love》《Twins》等。韩庚曾担任2008年北京奥运会火炬手、2010年上海世博会志愿者形象大使、2010年广州亚运会志愿者代言人。他不仅在自己的演艺生涯中屡挫不倒，而且频繁参加和组织各种公益活动，帮助处于困境中的孩子。

罗志祥，高山族，是演艺圈中少有的全能型艺人，唱歌、演戏、主持无一不通，又有"亚洲舞王"之称，而且广结善缘。他的成功正是在于积极乐观的生活态度和不断挑战自我的毅力。歌曲代表作品有《精武门》《狐狸精》《爱转角》《小丑鱼》《灰色空间》。

蔡依林，高山族，舞技精湛。就像她的歌《看我七十二变》唱的一样，她不断地寻求突破，不愿被他人限定的框架束缚，代表了新一代青年女性的独特魅力。代表作品有《看我七十二变》、《爱情三十六计》《倒带》《舞娘》《日不落》等。

韩红，藏族，属于创作型唱将，全国政协委员、全国青联常委、中华海外联谊会理事。2003年以来，多次获得"年度最受欢迎女歌手奖"和"最佳女歌手奖"。韩红用她的成功告诉我们要勇于突破自己的极限，坚持理想不放弃。代表作品有《天路》《家乡》《醒了》《天亮了》《来吧》等。

【参考资料】相声大师侯宝林简介

侯宝林（1917—1993），满族，天津人，是中国相声界第六代演员代表，起初学演京剧，后改说相声。1940 年起，与郭启儒搭档，合演对口相声，名噪一时。他注重相声的理论研究，著有《相声溯源》、《相声艺术论集》等，被誉为相声界的一代宗师。

侯先生临终前口述"最后的话"曾感动了无数中国人："我，侯宝林，说了一辈子相声，研究了一辈子相声。我的最大的愿望是把最好的艺术献给观众。观众是我的恩人、衣食父母，是我的老师。我总觉着再说几十年相声也报答不了养我爱我帮我的观众。现在我难以了却这个心愿了。我衷心希望我所酷爱、视为生命的相声发扬光大，希望有更多的侯宝林献给人民更多的欢乐。我一生都是把欢笑带给观众，如果有一天我不得不永别观众，我也会带微笑而去。祝愿大家万事如意，生财有道。"

3. 体育组

【展示 PPT 材料】少数民族中杰出的体育人才

李宁，壮族，原中国体操队运动员，奥运冠军，广西壮族自治区来宾市兴宾区南泗乡人，祖籍是广东省佛山市顺德区。他创造了世界体操史上的神话，先后摘取 14 项世界冠军，赢得一百多枚金牌。他在 1984 年洛杉矶奥运会上一举夺得三金两银一铜，是中国单届奥运会上获得奖牌最多的运动员，因此被誉为"体操王子"。1988 年退役后，李宁以其姓名命名创立了"李宁"运动品牌。

蒙克·巴特尔，蒙古族，生于 1975 年 11 月，来自内蒙古鄂尔多斯一个普通干部家庭，中国篮球运动员。巴特尔天生身体壮硕，于是父亲安克明给儿子起名巴特尔，蒙古语意为"勇士"。1992 年，17 岁的巴特尔随中国队征战"亚洲青年锦标赛"，勇夺冠军。多年来，巴特尔转战沙场，勇不可当，威风八面，多次为国家队效力。

龙清泉，苗族，湖南省湘西土家族苗族自治州龙山县人。是北京奥运会中国奥运冠军中仅有的几个少数民族运动员之一。在 2008 年北京第二十九届奥运会 56 公斤级冠军决赛中，龙清泉最终以抓举 132 公斤、挺举 160 公斤、总成绩 292 公斤的优异成绩，为中国

（教师）笔记

队争得该届奥运会第六金。

阿地力，是维吾尔"达瓦孜家族"的第六代传人。"达瓦孜"意指"高空走大绳"，是维吾尔族传统民间杂技表演艺术。阿地力从 10 岁开始练习"达瓦孜"，1997 年 6 月 22 日在无任何保险措施的情况下跨越长江三峡，以 13 分 48 秒的成绩刷新了科克伦 53 分 10 秒的吉尼斯纪录，一举成名。之后，阿地力曾创下高空生存 26 天等新的吉尼斯世界纪录。

4. 文学组

【文学欣赏】《正红旗下》文学片段

"自从姑母搬到我家来，虽然各过各的日子，可她却以大姑子的名义支使我的母亲给她沏茶灌水，擦桌子扫地，名正言顺，心安理得。……大家也都怀疑，我姑父是不是个旗人。假若他是旗人，他可能是位耗财买脸的京戏票友儿。可是，玩票是出风头的事，姑母为什么不敢公开承认呢？他也许真是个职业的伶人吧？可又不大对头：那年月，尽管酝酿着革新与政变，堂堂的旗人而去以唱戏为业，不是有开除旗籍的危险么？那么，姑父是汉人？也不对呀！他要是汉人，怎么在他死后，我姑母每月去领好几份儿钱粮呢？"这是一段对满族生活的描述，作者就是老舍先生。

【参考资料】老舍简介

老舍（1899—1966 年），满族，本名舒庆春，字舍予，生于北京，现代著名小说家、文学家、戏剧家。1918 年毕业于北京师范学校。20 世纪 20 年代至抗战前，历任英国伦敦东方学院教员、齐鲁大学和山东大学教授，同时从事创作。抗战期间，主持中华全国文艺界抗敌协会，为团结和组织广大文艺工作者参加抗日宣传活动做出了重要贡献。抗战胜利后，在美国讲学并继续进行创作。新中国成立后应召回国，曾任政务院文教委员会委员、全国人民代表大会代表、中国文联副主席、中国作家协会副主席、北京市文联主席等职。

其一生著作甚丰：新中国成立前创作的《骆驼祥子》等，对旧社会进行了深刻的揭露和批判；新中国成立后，先后创作了话剧《龙须沟》、《春华秋实》、《茶馆》，小说《无名高地有了名》和其他各种形式的文艺作品，歌颂新社会。其作品主题鲜明，语言生动、幽默，有"人民艺术家"之美誉。

（三）教师总结

教师对各小组介绍材料总结并反馈，引导学生领悟中华民族的发展离不开少数民族优秀人才，离不开各民族在不同领域涌现的优秀人才；领悟他们身上所具备的可贵品质，领悟"追星"的真谛：学习他们健康积极的生活态度和成功之道，铭记他们为祖国在科学、艺术、体育、文学等各方面的发展做出的卓越贡献。

五、教学反思

（1）课前要求学生5人一组，负责收集、整理在科技、艺术、体育、文学等领域作出杰出贡献的少数民族名人，从而锻炼学生信息筛选和整理的能力，也提高了小组合作意识。在活动中小组成员分工合作，互相配合，共同完成任务。

（2）通过课前准备和课堂展示、交流，感受这些少数民族杰出人才成功的故事以及他们身上的可贵精神，领悟少数民族为国家做出的贡献，进而达到本节课价值观教育和民族团结教育的目的。

（3）活动形式可以更灵活，更加符合初一年级学生的认知水平和性格特征，以期达到更好的教学目标。

六、教学资源

（1）国家民委门户网站，http：//www. seac. gov. cn。

（2）东方民族网，http：//www. e56. com. cn。

（3）周永祥主编：《五四以来——文化名人与祖国》，青岛，青岛海洋大学出版社，1991。

（4）北京市篮球运动协会网站，http：//www. bba. gov. cn。

（5）老舍著，舒乙编：《新编老舍文集（第二卷）》，北京，商务印书馆国际有限公司，2009。

（教师）
笔记

育马的民族

一、教材中的位置

本节采自于《义务教育课程标准实验教科书·语文》七年级（下册），第六单元《写作·口语交际·综合性学习》，第225页。

二、民族团结教育切入点

马，作为最早被驯化的动物之一，主要作为家畜，用于骑乘、拉车和载重等，也在战争和劳作中运用。马与人类发展休戚相关，因为马很早便成为了人类的朋友，甚至于有时彼此生死相托，在人类历史上起到非常重要的作用。

同时，马也是我国新疆、西藏、内蒙古等地区少数民族不可或缺的生产工具，其中骏马尤为牧民们所喜爱。如在内蒙古地区就有很多以马为主题的赞美诗、寓言故事、警句格言、民间传说、民歌、绘画、雕塑等。蒙古人还有许多与马有关的节日，如马奶节、赛马节、马驹节等。本节课就是以马为切入点，了解少数民族同胞的文化、习俗，增进民族间的了解和团结。

三、教学目标

（1）通过导语激发学生对马的兴趣，从而初步了解马的种类，以及由此了解更多关于少数民族的知识。

（2）阅读课文，整体感知，使学生了解本文所写马的几种生存状态，以及各自具备的特性。

（3）引导学生学习本文中采用的对比写法。

（4）使学生了解少数民族有关马的习俗和文化，学会鉴赏少数民族传统艺术。

四、教学设计

（一）导语

展示一组有关"马"的成语，与学生互动，从而引出教材中有关本节课马的知识。

【PPT 展示资料】

立了功劳——汗马功劳

雄健强盛——龙马精神

不迷失方向——老马识途

终日奔忙——马不停蹄

冲锋在前，领先——一马当先

事业有成，轻易取胜——马到成功

英勇悲壮，战死沙场——马革裹尸

老师：同学们，你们了解马吗？见过或者骑过马吗？（请同学们畅所欲言，谈谈自己和马有过的经历）

学生：（回答略）

老师：其实，老师也和你们一样对马了解不多。这主要是和民族、和我们生活的地域有关。汉族主要生活在中原地区，生产生活中需要马的地方不太多，而在我国新疆、西藏、内蒙古等少数民族地区则不同，地域条件决定了马是他们不可或缺的生产工具。很多蒙古族、哈萨克族、藏族同胞从小就在马背上长大，正如蒙古族谚语所说："歌是翅膀，马是伴当"。无论是外出放牧、搬迁转场，还是传递信息、探亲访友，甚至婚嫁等，都是以马为主要交通工具。因此，马在他们的生产生活中占有极为重要的地位，他们也因此对马有着特殊的感情。不仅这些"马背上的民族"喜欢马，中国大多数民族也同样爱马，崇尚马文化。

（二）课文感知

老师：请同学们默读课文，并回答问题：本文写了几种生存状态下的马？它们各具什么特性？

请回答：人工驯养的马有什么特性？从课文中找出这些词语。

【参考答案】

（1）无畏的精神，勇敢，坚毅，慷慨以赴，兴奋鼓舞，精神抖擞，耀武扬威。

（2）驯良的性格，克制，屈从，舍己从人，迎合，无保留地贡献着自己，舍弃生命。

老师：野生的马有什么特性？从课文中找出这些词语。

【参考答案】

（1）美质：动作的自由，自由安闲的生活，"既不受拘束，又没有节制"，"因不受羁勒而感觉自豪"，"呼吸着清新的空气"，"强壮、轻捷和遒劲"，"充沛的精力和高贵的精神"。

（2）美德："绝不凶猛"，"豪迈而狂野"，"互相眷恋，依依不舍"，"和平生活"，"欲望既平凡又简单"，"不互相妒忌"。

（3）美貌："身材高大而身体各部分又都配合得最匀称、最美丽"，"它的头部比例整洁，却给它一种轻捷的神情，而这种神情又恰好与颈部的美相得益彰"，"高贵姿态"，"它的眼睛闪闪有光，并且目光十分坦率；它的耳朵也长得好，并且不大不小"，"它的鬣毛正好衬着它的头，装饰着它的颈部，给予它一种强劲而豪迈的模样；它那下垂而繁茂的尾巴覆盖着、并且美观地结束着它的身躯的末端。"

学生发言时，老师板书、整理人工驯养的马和天然野生马的各自特征。

【参考资料】

人工驯养的马的特征

勇毅，与主人同生死、共荣辱；驯良，服从主人的操纵，满足主人的愿望，无保留地贡献自己，甚至是贡献自己的生命。

天然野生马的主要特征

有大自然赋予的美质，即充沛的精力和高贵的精神，天性绝不凶猛，只是豪迈而狂野，热爱和平；群居行动，团结和睦；互相之间没有妒忌，从不为一己之私争斗；他们的身体是大自然的杰作。

老师：无论是人工驯养的马还是天然野生的马，作者对它的情感都是——喜爱。在少数民族地区，由于爱马，还形成了一些关于马的节日，让我们一起来了解一下。

【参考资料】

蒙古族的马奶节

马奶节是一些地区蒙古族牧民的盛大节日，在每年秋高气爽的农历八月底举行，为期一天。赛马是节日的主要活动项目，参赛的全是两岁小马驹，象征着草原的兴旺，也唤起了人们对"马奶"的深情。

赛马场上，人声鼎沸，彩旗飘扬。骑术娴熟的勇士们头缠彩巾，腰扎五颜六色的长绸带，足蹬马靴，随着发令枪的响声，像离弦之箭飞向前方，争先恐后，你追我赶。刹那间，赛场内外欢呼声、呐喊声响彻云霄，气氛极为热烈。赛马后，还有摔跤、拔河、投"布鲁"、唱歌跳舞等文体活动。

节日期间，除食用牛羊肉外，主要还食用马奶制品，如奶酪、奶干、奶豆腐、奶油、马奶酒等，应有尽有。马奶是一种营养价值较高的食物，马奶酒被视为圣洁的饮料，用来招待最尊贵的客人。

裕固族的剪马鬃节

剪马鬃节是甘肃省肃南裕固族自治县裕固族人民的传统节日，一般在每年农历四月二十一后的几天内择日举行，一般为期两天。届时主要准备酥油、奶茶、青稞酒、手扒肉等食品。人们会专门准备剪马鬃用的盘子，盘子里放置一座用炒面疙瘩垒成的 7~8 层的小塔，塔上浇有酥油，凝固的酥油可使塔固定在盘里，表示四面八方平安富足。剪马鬃的剪刀把上也系着一条吉祥的白色哈达。

剪鬃仪式开始时，家人牵来马驹，一般主人会邀请客人中有经验的牧人执剪，客人互相推荐，再三谦让。最后，由一位公认的既善剪鬃又会歌舞的人开剪。他（她）一边剪马鬃，一边唱剪鬃歌。剪下的头一绺鬃毛，由他（她）亲自送进帐篷，敬献给"毛神"，祈求"毛神"保佑。献毕后出帐继续剪，不过得留一部分给其他客人剪。当主人家所有满周岁的马驹剪完后，大家进帐篷，入席宴饮。酒歌对答，十分欢洽。主人请客人尽量多吃多喝；客人热情赞扬主人治家有方，牲畜兴旺。饭后，主人骑上刚剪过鬃的小马驹，奔驰而去，每过一家，都会受到别人的祝贺。因此，剪马鬃就像给少年行成人礼一样，受到普遍重视。

以游牧为生的裕固族，对马有着特别的情感。拥有一匹好马，对于一个裕固族男子来说，是一种莫大的荣誉。裕固族每年都要举行盛大的赛马会，在充满节日气氛的草原上，赛马吸引了四面八方的观众。

老师：了解了少数民族有关马的节日后，让我们来对文章写法进行探究。接下来，文章第五段写野马的外形特点——匀称优美的体型，而且还写到了其他一些动物特征，这是运用了什么写法呢？

学生：对比。

老师：这样写有什么好处呢？

学生：通过比较，可以突出马的身体是大自然的杰作，盛赞马的高贵姿态。

老师：除此之外，还有哪里使用了对比呢？

学生：课文中作者还进行了家马和野马的对比。

老师：作者为什么将家马与野马进行对比？他对这两种马的感情一样吗？你能从文中哪些语句看出来？

学生（从文中找到答案）：作者在描绘的同时，字里行间流露出对"无垠的草原上""自由自在地生活的马匹"的由衷赞美，和对"被人养育""经过训练""供人驱使"的马匹的深刻同情。

最后，在情感价值观上引导学生思考并讨论马和人的关系。

老师：人们"养育""训练""驱使""奴役，驯养"马的同时，也用"鞍辔""羁绊"约束它，甚至用"衔铁""马刺""铁钉"残忍地禁锢它，使"它们浑身的姿态都显得不自然"。但更多时候，人们还是把当作自己的伙伴，和平相处。自古以来人们就和马不离不分，也留下了许多赞美马的诗词名句，其中较有代表性的就属诗人李贺所作的《马诗》，这是一组五言绝句，共23首。诗歌通过咏马、赞马，或慨叹马的命运，来表现志士的奇才异质、远大抱负以及怀才不遇时的感慨与愤懑。以下让我们欣赏其中3首（投影显示）。

【参考资料】

《马诗》

李贺

龙脊贴连钱，银蹄白踏烟。

无人织锦鞯，谁为铸金鞭。

赤兔无人用，当须吕布骑。

吾闻果下马，羁策任蛮儿。

武帝爱神仙，烧金得紫烟。

厩中皆肉马，不解上青天。

（三）作业

（1）完成课后"研讨与练习"第一、二题。

（2）反复朗读，积累词语。

（3）搜集资料，了解蒙古族、裕固族等少数民族的文化及相关知识。

五、教学反思

1. 凸显"情感态度和价值观"

通过讲马及马的特征，延伸到与马有关的民族，了解一些少数民族的文化和知识。使学生感受少数民族的民族特色及其丰富多彩的文化，培养学生民族团结的情感。

2. 关注学习过程，让学生成为课堂主体

语文学习是一个体验的过程，也是使各方面知识融会贯通的过程。所以，在教学中应注重引导学生自己查找资料、展示成果，自己读课文，相互讨论交流、合作学习，老师只是在重难点知识上予以引导，从而保证整节课流畅，使学生自主获得学习成果。

3. 积极实践自主、合作、探究的学习方式

教师有"转变学习方式"的任务，应提倡自主、合作与探究的学习方式，逐步改变以教师为中心、以课堂为中心和以书本为中心的局面。

课前，安排学生自己查找有关民族知识的资料，充分调动学生自主学习的兴趣，让他们变成学习的主人。

课堂上，让同学们充分展示查找到的资料，互相交流，共同学习。同时引导学生逐步深入，从多方面去认识所学到的知识，体现了自立、合作、探究的学习方式。

在课堂上，老师应该是教学的组织者和领导者，学生是参与者和实践者。

六、教学资源

（1）全国文化信息资源共享工程，http：//www. ndcnc. gov. cn。

（2）国家民委门户网站，http：//www. seac. gov. cn。

（3）北京市海淀区民族小学编著：《民族习俗教育读本》，北京，民族出版社，2011。

（教师）
笔记

初二年级

到民间采风去

一、教材中的位置

本节采自《义务教育课程标准实验教科书·语文》八年级（下册），第四单元《写作·口语交际·综合性学习》，第 168～172 页。

二、民族团结教育切入点

本节以搜集和演示有关各民族节日风俗的资料为切入点，使学生了解各民族优秀的传统文化，进而促使学生欣赏和尊重各民族的传统文化与不同的民族品质，以期达到保存并发扬我国传统文化和促进民族团结的目标。

三、教学目标

（1）了解各民族风俗文化，拓宽学生文化视野，提高学生人文素养。

（2）使学生认识到各民族传统文化的不同，学会以"求同存异"为原则吸收和弘扬我国优秀文化遗产。

（3）使学生学会批判地继承各民族文化，树立民族团结意识。

四、教学设计

（一）课前准备

1. 分组合作

把全班 22 位同学分为 4 个小组。按照地域的不同，东部、西部、南部、北部各一小组。各小组分别搜集属于范围内的各民族风俗文化，即根据所搜集内容的不同，制定切实可行的计划，准备相应的材料，并对可能遇到的困难做好充分的准备，最终制作成课件，准备课上展示。

2. 各小组成员分工

利用课余时间到图书馆查询资料，或上网搜集素材，走访民间人士等方式，搜集相关节日风俗，再组织设计上课要展示的内容。

（二）导入新课

哲学上常讲："一滴水中见大海，一粒沙中见世界。"的确，哪怕是日常生活中一些细节，例如逢年过节的各种礼仪，人们日常吃饭穿衣的习惯等，细心探究，都会发现几乎每一件小事都包含丰厚的文化内涵，蕴藏着语文学习的宝贵资源。更何况，我国是一个历史悠久的多民族国家。俗话说，"十里不同风，百里不同俗"，每个民族的文化传统都各有不同，并蕴藏在日常的习俗中。所以，到民间"采风"，关注我们平常习焉不察的民风民情，探寻日常生活背后的"学问"，不仅可以了解我国各民族丰富多彩的文化习俗，还能和自己日常生活做一次细微的比较，会有不同以往的感触。

老师：今天，让我们一起在课堂上以独特的形式"到民间采风"，感受这丰富多彩的民风民俗吧！下面我挑选两位学生，自己主持现场活动（学生上场）。

主持人：近期，我们通过书本、网络、民间走访或尽查有关各民族文化、历史渊源的文献资料和数字图片，或流连于乡村的田野风光，探寻古老而优秀的民族民间文化，开展了"到民间采风"的综合性语文学习活动。今天，各小组带来了各自的成果展示和活动汇报。首先，由第一组同学展示"我国东部各民族节日风俗"，东部最具代表性的为汉族节日。

1. 汉族节日文化——源远流长

学生甲：寒假放假，我回老家河南过年，那里有关春节的习俗特别有意思，可能与大家以往对春节的认识大有不同。回来后，我把有关老家春节的内容整理成资料，下面由我为大家展示。

（教师）笔记

【汉族节日文化 PPT 展示一】

春节，又称阴历年，俗称"过年"，是民间最隆重、最热闹的一个传统节日。春节的历史很悠久，它起源于殷商时期年头、岁尾的祭神祭祖活动。按照我国农历，正月初一古称元日、元辰、元正、元朔、元旦等，民间俗称"大年初一"。到了民国时期，改用公历，公历的一月一日称为元旦，农历的一月一日则为春节。

随着社会的发展，人们的年俗庆祝活动变得越来越丰富多彩。每年从农历腊月二十三日起到年三十，民间把这段时间叫做"迎春日"，更有民间童谣"二十三糖瓜沾，二十四剪胡子，二十五扫尘土，二十六炖牛肉，二七二八擀面发，二九对联贴门口，除夕万家人团圆，欢天喜地过大年"。节前 10 天左右，家家户户准备年货，包括鸡鸭鱼肉、茶酒油酱、南北炒货、糖饵果品等，都要采买充足，还要准备一些过年时走亲访友时赠送的礼品，要给小孩子添置新衣新帽，准备过年时穿戴。还有节前在住宅的大门上粘贴用红纸写成的春联，屋里张贴色彩鲜艳、寓意吉祥的年画，心灵手巧的姑娘们剪出精美的窗花贴在窗户上，门前挂大红灯笼或贴福字及财神、门神像等，福字还可以倒贴，寓意"福气到了"。所有这些活动都是要为节日增添足够的喜庆气氛。除夕晚上，全家老小都一起熬年守岁，欢聚酣饮，共享欢聚之乐。北方地区在除夕有吃饺子的习俗，饺子的做法是先和面，"和"字谐音为"合"，饺子的"饺"和"交"谐音，"合"和"交"有相聚之意，又取"更岁交子"之意。而在南方有过年吃年糕的习惯，甜甜的黏黏的年糕，象征新一年生活甜蜜蜜，步步高升。

学生乙：我的祖籍在河北。听爸爸说，他小时候过元宵节可热闹了！我在爸爸的帮助下，整理了关于元宵节的简单资料，下面由我为大家展示。

【汉族节日文化 PPT 展示二】

元宵节在古代又称上元节，或称元夜、灯节等。元宵节是我国民间传统的节日之一。也因为它是春节之后的第一个重要节日。一直以来，元宵节都是人们庆贺新春的延续。"热热闹闹过元宵"早已成为民间的一种习俗。

在古文里，"元"者，始也。一年之元为正月。"宵"者，夜也。我国原先采用的历法是阴历，是以月亮的运行规律来纪年的。

（教师）笔记

正月十五是新春第一个月圆之夜，所以此夜也叫"元宵"。

关于元宵节的来历，民间说法不一。其中有一种说法：唐代天竺和尚于正月十五之夜为睿宗皇帝燃灯千盏，睿宗在安福门上看灯月交辉，甚为壮观。于是规定每逢正月十五之夜家家要燃灯庆贺，遂有元宵节之来历。

元宵节的庆贺活动最为突出的特点有两个：一是挂灯火，二是吃元宵。灯是元宵节最突出的内容，所以元宵节也叫"灯节"。汉昭帝时曾诏令家家燃灯，原先是为了"礼佛"，后来闹花灯却成了一种娱乐活动，到明清时期更为兴盛。《水浒传》中描写道："金莲灯，玉梅灯，晃一片琉璃；荷花灯，芙蓉灯，散千团锦绣。"由此可见古时灯景兴盛之一斑。

此外，汉族的节日还有清明节、端午节、中秋节、重阳节等。

【汉族节日文化补充资料】

除了汉族之外，我国还有满族、朝鲜族、赫哲族、蒙古族、达斡尔族、鄂温克族、鄂伦春族、回族、锡伯族、藏族、纳西族、瑶族、畲族、布依族、黎族和仡佬族 16 个民族也过元宵节。节俗虽有差异，但有一共通之处，那就是无一例外地共享欢乐、祥和、团圆和喜庆。

主持人：我们班里有很多来自少数民族地区的同学，他们也有一些特殊的节日。下面由第二组同学介绍属于他们独特的节日，第二小组 6 人将合作表演一个短剧《旺果节的一天》。

2. 西部民族——独特的西部风情
（1）藏族节日：旺果节、雪顿节、沐浴节
（活动形式：小组 6 人展示 PPT 的同时，合作表演短剧《旺果节的一天》）

【第二组 PPT 展示一】

旺果节是西藏人民预祝丰收的节日，一般在秋收前选择吉日举行，时间 1~3 天不等。节日期间，人们穿着节日盛装、结队骑马，在田间巡游，然后汇聚在一起，在林间草地搭起帐篷，铺上彩垫，摆出酸奶和各种丰美的食品，互相敬酒尽兴野餐，唱歌跳舞预祝丰收。旺果节还举行赛马和射箭等文体活动。在赛马场上，"拾哈达"

节目最吸引观众，骑手们在规定路程中策马飞驰，边跑边拾场上放着的哈达，看谁跑得快，拾得多。

雪顿节也是西藏传统节日之一，在每年的六月三十日举行。"雪"是"酸奶"的意思，"顿"是"宴"的意思。17世纪以前，"雪顿"活动是一种民间的宗教活动，后来逐渐演变为以藏戏会演为主的娱乐活动，所以又称藏戏节。

沐浴节也在每年的秋天举行。每到夏末秋初的晚上，拉萨东南方向的上空，会出现一颗十分明亮的星星。这时，藏族人民就开始了一年一度的沐浴节。传说那颗星星只出现7个晚上，于是人们就把星星出现的7个夜晚定为沐浴节。

据说在很久以前，草原上出了一位很有名的医生，他的名字叫宇托·云旦贡布，医术十分高明，什么疑难杂症都能治。因此藏王赤松德赞请他做御医，专门给藏王和妃子们治病。但是，宇托进宫以后，心中仍旧忘不了草原上的百姓。于是他经常借外出采药的机会，给百姓治病。

有一年，可怕的瘟疫流行，许多牧民卧床不起，很多人被夺去了生命。宇托奔走在辽阔的草原上，为一家家患病的牧民治病。据说他从雪山老林里采集各种药物配成药剂，谁吃了病就会好起来。于是不知有多少濒临死亡的病人，恢复了健康。草原上到处传诵着宇托医生的名字，人们称他为药王。不幸的是，不久宇托医生去世了。他去世以后，草原上又遭到了可怕的瘟疫，比前一次更严重，许多人死了。生命垂危的牧民只好跪在地上，向苍天祈祷，希望天国保佑。说来也巧，一天，一个被病魔折磨得九死一生的妇女，突然做了一个梦，梦中宇托医生对她说："明天晚上，当东南天空出现一颗明亮的星星的时候，你可以下到吉曲河里去洗澡，洗澡以后病就会好起来。"果然，这个妇女在吉曲河中洗澡以后，疾病立刻消除了。一个又黄又瘦的病人，在洗澡以后变成了一个红光满面的健康人。这件新鲜事传开以后，所有的病人都来到河中洗澡。凡是洗澡的病人，都消除了疾病，恢复了健康。

人们说，这颗奇特的星星就是宇托医生变的。宇托医生在天国看到草原人民又遭受瘟疫袭击，他又不能来到人间来给人民治病，于是把自己化作一颗星星，借星光把河水变成药水，让人们在河水中洗澡以祛处疾病。因为天帝只给宇托7天时间，这颗星星也就只出现7天。从此，藏族人民就把这7天定为沐浴节，各地的牧民们，每年这个时间，都到附近的河水里洗澡。据说洗澡以后，整个人就会健康愉快，不生疾病。

（2）蒙古族习俗：美食宴客、献哈达、近包慢行

（活动形式：两位同学实物道具表演）

【第二组 PPT 展示二】

献哈达　哈达是蒙古族日常生活中不可缺少的物品。献哈达是蒙古族牧民迎送客人和日常交往中经常使用的礼节。献哈达时，主人张开双手捧着哈达，吟唱吉祥如意的祝词或赞歌，以渲染气氛，同时将哈达的折叠口向着接受哈达的宾客。而这时宾客站起身面向献哈达者，集中精力听祝词和接受敬酒。接受哈达时，宾客应微微向前躬身，献哈达者则将哈达挂于宾客颈上。宾客应双手合掌于胸前，向献哈达者表示谢意。

敬茶　到牧民家做客或在旅游点上，主人或服务员首先会给宾客敬上一碗奶茶。宾客要微欠起身用双手或右手去接，千万不要用左手去接，否则会被认为是不懂礼节。主人或服务小姐斟茶时，宾客若不想要茶，则用碗边轻轻把勺或壶嘴一碰，主人便即刻明白宾客的用意。

敬酒　斟酒敬客是蒙古族待客的传统方式。他们认为美酒是食品之精华，五谷之结晶，拿出最珍贵的食品敬献，是表达草原牧人对客人的敬重和爱戴。通常主人是将美酒斟在银碗、金杯或牛角杯中，托在长长的哈达之上，唱起动人的蒙古族传统的敬酒歌，客人若是推让不喝酒，就会被认为是对主人瞧不起，不愿以诚相待。宾客应随即接住酒，不会喝酒也不用勉强，可沾唇示意，表示接受了主人纯洁的情谊。

敬神　蒙古民族的礼宴上有敬神的习俗。据《蒙古风俗鉴》描述，厨师把羊割成 9 个相等的肉块，"第一块祭天，第二块祭地，第三块供佛，第四块祭鬼，第五块给人，第六块祭山，第七块祭坟墓，第八块祭土地和水神，第九块献给皇帝"。祭天是把肉抛向蒙古包上方；祭地则抛入炉火之中；祭佛置于佛龛前；祭鬼置于包外；祭山则挂之于供奉的神树枝上；祭坟墓即祭本民族祖先，置于包外；祭水神扔于河泊；最后祭成吉思汗，置于神龛前。

主持人：我们班里还有一些来自云南、广西一带的同学，他们对于自己家乡的节日习俗也很有研究，接下来就随他们一起到祖国南部逛一逛，感受那里独特的节日习俗吧！这 6 位同学将分别饰演

3 个民族的人们，然后演唱 3 个民族的民歌。

3. 南部民族——瑶族、彝族、苗族节日风俗

（活动形式：6 位同学分别饰演 3 个民族的人们，并演唱 3 种不同风格的民歌）

【第三组 PPT 展示】

瑶族的"耍歌堂"——是瑶族同胞欢庆丰收的盛会，在每年农历十月十六举行。同时，耍歌堂也是青年男女谈情说爱、对歌求偶的节日。

彝族的"庆年节"——每年农历十月是彝族人民的庆年节。过年的时候，彝族人民饮酒唱歌，互相拜年。节日夜晚，青年男女聚集在松林里或空场地上"跳月"。男人们弹大三弦、月琴或吹笛子，与女人们对舞。舞蹈动作有"跑三步停两拍"、"向前抬脚"和"原地跳然后转拍掌"等，节奏欢快，情绪热烈。

苗族的"四月八节"——贵州省贵阳市附近各县苗族的重要节日，传说这个节日起源于明代。每逢农历四月初八，苗族青年都身着盛装，聚集于贵阳市喷水池旁，纵情歌唱舞蹈，颂扬历史传说中的英雄亚努。

主持人：祖国北部有辽阔的森林，生活在这里的人们率真好客、热爱生活。下面是第四组的同学为我们带来的鄂伦春民俗表演《鄂伦春的节日》。

4. 北部民族——鄂伦春族民俗

（活动形式：6 位同学一边朗诵一边表演节日风俗）

【第四组 PPT 展示】

鄂伦春族的传统节日并不多，过去只有春节、氏族的"莫昆"大会和宗教活动"奥米纳仁"。近代以来，鄂伦春人的社会组织结构发生了根本性的变化，因此宗教活动也淡出了鄂伦春人的生活，"莫昆"大会和"奥米纳仁"已被篝火节所取代。现在的鄂伦春族受其他民族的影响，也过中秋节、端午节等节日。

"莫昆"是鄂伦春族氏族社会的组织形式，"莫昆"大会是氏族最高权力机关，全体氏族成员都要参加的氏族大会称为"莫昆乃

岳苏"。选举氏族长"莫昆达"的大会每10年召开一次，而且召开氏族大会时，要杀牲祭祖，并举行唱歌、跳舞、摔跤、赛马和射箭等娱乐活动。

"奥米纳仁"是旧时鄂伦春萨满教举行的大型祭祀活动，因此也是举族盛事。鄂伦春萨满教信奉"万物有灵"原始宗教，萨满跳神时的音乐与舞蹈传承了远古传下来的韵律。萨满口传心授的各种祭辞，保留了民族的起源、氏族的形成、英雄与恶魔的斗争等故事内容，成为传承传统文化的重要口头史料。在"奥米纳仁"活动中，萨满们举行跳神活动，通过跳神学习、交流法术。

主持人：走出三味书屋，来到生活中的百草园，我们会发现，丰富多彩的民间民族文化是一棵永远不老的常青树，这棵树上有我们取之不尽、用之不竭的文化精华，同样这棵常青树也需要我们不断地浇灌时代之水……让我们珍藏这些文化，保护各民族的传统文化，让它们在我们今天的生活中能够越来越茁壮！

（三）老师点评

同学们，本节课同学们组织得十分丰富和精彩，同学们的表现也让老师看到了你们身上的闪光点。确实，民俗文化作为一种具有深厚历史文化渊源的文化形态，深藏着丰富的历史文化内涵与人类智慧的结晶，它不但深刻反映了特定地域中人民群体最为基本的个人需求，也体现了他们的共同理想、共同情感与共同价值取向。因此，我们应该从个人做起，从现在做起，保护我们的民族传统文化。让我们一起努力！

五、教学反思

1. 这节课的活动使学生成为课堂的组织者和实践者

本节课从始至终，一直坚持这样一个理念：相信学生，鼓励学生体验整个学习的过程，而不是由老师代劳。学生在准备的过程中，就开始进入了学习的过程。可以说，本节课做到了"以学生为主体"的教学目标。而老师充当了一个指导者身份，如果学生是演员，老师只是"导演"，这样就实现了教与学的统一。

2. 贯彻了"大语文"的课堂理念

语文课堂要求从单纯意义上的"课堂"，扩展到生活中的"大

（教师）笔记

课堂"。可以说，生活处处皆语文。如何充分利用社会大课堂，让语文课走出教室，走向广阔的社会大舞台，本节课进行了有益的尝试。

3. 不足之处

活动形式与内容衔接不够紧密。小组活动看似丰富，但部分活动流于形式，与内容结合不够紧密，所以今后在活动内容与形式的衔接上，要进行更多的指导。

六、教学资源

（1）中国民族宗教网，http：//www.mzb.com.cn。

（2）国家民委门户网站，http：//www.seac.gov.cn。

（3）北京市海淀区民族小学编著：《民族习俗教育读本》，北京，民族出版社，2011。

云南的歌会

一、教材中的位置

本节采自《义务教育课程标准实验教科书·语文》八年级（下册），第四单元《写作·口语交际·综合性学习》，第134页。

二、民族团结教育切入点

（1）本节通过了解《云南的歌会》的作者沈从文的生平为切入点，展示我国少数民族作家在文学创作方面的成就，使学生铭记我国的优秀文化成果是各民族共同努力的结果。

（2）云南是少数民族的聚居地，也是少数民族文化艺术的承载地。本节通过分析云南歌会的形式、特点，展示少数民族的文化艺术魅力，并使学生意识到保护传统文化的重要性。

三、教学目标

（1）使学生了解著名的少数民族作家沈从文的生平和文学创作方面的成就，体会并继承少数民族精英带给国家的精神财富。

（2）使学生学会欣赏云南浓郁的民歌文化及民族风情，培养热爱民族文化的情感和保护民族文化的意识。

（3）通过文章学习作者表现民歌文化的几种描写手法：人物描

写、环境描写及场面描写等。

四、教学设计

（播放少数民族的民歌音像片段，以增加课堂的生动性）

（教师）
笔记

老师：同学们，刚才老师所播放的音像片段分别是哪些少数民族的民歌？

学生：播放的《阿诗玛》片段是彝族的民歌，《五朵金花》片段是白族的民歌。

教师：我国有众多的少数民族，其中大多都能歌善舞。而云南是聚居少数民族成分最多的省份。在各族人民的生活中，民歌几乎渗透到了各个领域和生活的各个细节。著名作家沈从文先生用一篇文章专门介绍了云南的民歌，以优美的笔触描写了云南歌会的盛况，这篇文章就是《云南的歌会》。

【PPT提供资料】沈从文的生平及其文学创作方面的成就

沈从文（1902—1988年），苗族，原名沈岳焕，湖南凤凰人，今属湘西土家族苗族自治州。曾历任武汉大学、青岛大学、西南联大、北京大学等各高校的教授，《大公报》的文艺副刊编辑，中国历史博物馆文物研究员，中国社会科学院历史研究所研究员。沈从文先生的文学作品有《边城》《湘西》《从文自传》等，在国内外产生了重大的影响。这位著名的作家，还是我国有名的历史学家和考古学家，其出版的相关学术专著有《中国古代服饰研究》、《中国丝绸图案》《唐宋铜镜》《龙凤艺术》《战国漆器》等，可谓是我国一代国学大师。

老师：云南民歌多种多样，大致可概括为山歌、小调、劳动歌曲和舞蹈歌曲四大类。每逢集会或过节，人们聚集在一起即兴歌唱，互相对答，嬉戏传情，用歌唱来表达他们对生活的热情和对亲朋的喜爱。用歌声倾诉美丽的爱情，激起劳动的热情，表示对死者的哀悼、对婚配的祝福，抒发丰收的喜悦、节日的欢乐……

（一）活动设计

（1）让学生朗读课文后，说出自己对云南的歌会有了哪些了解。同时，教师在组织学生交流时，引导大家注意并总结每种歌会的形式和特点。

（教师）笔记

【PPT 提供资料】

山野对歌——才智大比拼（对唱）

山路漫歌——即兴自由歌唱（小合唱）

金满斗会——民歌传承（大合唱）

（2）三个部分描写手法上有什么不同？品味歌曲的语言，谈谈它们是怎样体现民族特色的？

学生讨论发言：（略）

（3）现在请一位同学为我们读一读课文，同学们请在书上勾画出好词好句，等会儿让大家分享一下。（提示：学生们可以从动词、形容词、副词和修辞手法等角度来赏析好词好句）

学生：报春花"在微风里不住点头"用了拟人修辞手法，显得活泼生动；"它的蓝色令人疑心是有意模仿天空而成的"更是奇特的联想，让人感受到花的灵性和花色的纯净。又如，"最有意思的是云雀……"一句中，"起飞""扶摇""盘旋""唱歌""钻"等动词，把云雀敏捷的身姿、悦耳的鸣叫描绘得栩栩如生。

教师：在描写手法上，同学们需注意三个部分：人物描写、环境描写和场面描写。"山野对歌"主要描写唱歌的人，对演唱者不惜浓墨重彩、工笔描绘，从而烘托出活泼欢快的场面，描绘出朴素动人的情景。通过描写对歌中的年轻女子的动作、神态、外貌来表现山野对歌的热烈与欢快。南方少数民族生活在大山、丛林里，所以对歌的地点就在"松树林子和灌木丛沟凹处"。参与对歌的多是年轻男女，所以"唱的多是情歌酬和"，不少年轻人还在对歌过程中找到了自己的心上人。文中对唱歌女子的描写，特别是对她的衣着描写，塑造并凸显了一位聪明、开朗、勤快的少数民族农家女的形象，同时也展现了独特的少数民族特色和品质。

【PPT 提供资料】少数民族歌会的场面及民族特色服装（教师可以充分利用网络资源教学）

图1 田阳县敢壮山壮族歌圩

图2 那坡县城厢镇龙
华村壮族女装

（教师）
笔记

图3 贵州从江县刚边壮族女装

图4 宜州开辟刘三姐故居为景点

（感谢陈丽琴老师提供图片）

（4）我们身边有哪些类似云南歌会的民俗呢？

学生讨论发言：（略）

**（教师）
笔记**

五、教学反思

（1）民俗其实就是生活，它无时无刻不在你的周围，滋养着你，为你的生命提供必需的养分。学习本课，为学生了解民族特色、风土人情揭开了序幕，激发了学生的兴趣，开阔了民俗知识视野。

（2）文章将云南歌会形式的多样性、内容的丰富度、个性的独特美尽情展现出来。教学中需要紧紧抓住人物描写、环境描写及场面描写，引导学生朗读、查找材料、互相补充知识、展开小组讨论等活动，进而体会云南浓郁的民歌文化及民族风情，培养热爱民族文化的情感。

（3）语言优美是本课特色，它把我们带入优美的民歌世界，也使学生们感受到了民族地区的美丽，感受到祖国的大好河山——云南丰富的民族文化，让学生们通过欣赏这一民族的文化魅力，进而热爱这一方水土所养育的人们。

六、教学资源

（1）国家民委门户网站，http：//www. seac. gov. cn。

（2）东方民族网，http：//www. e56. com. cn。

（3）百度百科，http：//baike. baidu. com。

（4）陈丽琴：《多学科视野下的壮族女性民俗文化研究》，北京，民族出版社，2013。

初三年级

端午的鸭蛋

一、教材中的位置

本节采自《义务教育课程标准实验教科书·语文》八年级（下册），第四单元，第17课，第140页。

二、民族团结教育切入点

在中国，端午节由来已久，除汉族外，还有一些少数民族也过端午节。本节通过以端午节的由来和各民族过端午节的方式为切入点，了解不同民族对于同一节日的不同理解，学习不同民族的端午文化，增进民族间的相互了解和相互认同，进而增强民族凝聚力。

三、教学目标

（1）使学生学会利用网络资源，查找有关端午节的由来、风俗习惯以及哪些少数民族过端午节以及如何过端午节等资料，增进学生们的文化知识，增强信息查找能力。

（2）使学生学会通过阅读课文了解作者写端午的鸭蛋的缘由，体会作者对家乡的热爱，同时学习作者语言表达方式。

（3）结合单元综合性学习活动，增强学生动手能力和团队合作能力。

四、教学设计

（一）研究活动设计

以小组为单位，分派任务到个人，分别查找端午节的由来、风俗习惯以及哪些少数民族过端午节以及如何过端午节。

（二）活动设计意图

训练学生搜集信息的能力和团队合作精神，引导学生了解中国民俗文化。

（三）学生小组发言

1. 一组主题：端午节源于纪念屈原

据《史记·屈原贾生列传》记载，屈原是春秋时期楚国的大臣。在楚国，屈原倡导举贤授能，富国强兵，力主联齐抗秦，遭到贵族子兰等人的强烈反对。后来屈原遭奸人陷害，被楚怀王流放到沅、湘流域。在流放中，他写下了忧国忧民的《离骚》《天问》《九歌》等不朽诗篇，流传民间。公元前278年，秦军攻破楚国京都。始终抱有对祖国深深爱意的屈原眼看深爱的祖国被侵略，心如刀割，于是在农历五月初五，写下《怀沙》一诗后，抱石投汨罗江自溺而死。屈原以自己的生命谱写了一曲壮丽的爱国主义乐章。

据说，屈原投汨罗江后，当地百姓闻讯马上划船捞救，一直行至洞庭湖，始终不见屈原的尸体。那时，恰逢雨天，湖面上的小舟一起汇集在岸边的亭子旁。当人们得知是为了打捞贤臣屈大夫时，更多的人再次冒雨出动，争相划进茫茫的洞庭湖。

为了寄托哀思，人们荡舟江河之上，此后才逐渐发展成为龙舟竞赛。百姓们又怕江河里的鱼吃掉他的身体，就纷纷回家拿来米团投入江中，喂食鱼虾，后来为怕饭团为蛟龙所食，人们想出用楝树叶包饭，外缠彩丝，之后就发展成了吃粽子的习俗。还有一位老医师则拿来一坛雄黄酒倒进江里，说是要药晕蛟龙水兽，以免伤害屈大夫，就逐渐演变为喝雄黄酒的习俗。

之后，在每年的五月初五，人们就有了龙舟竞渡、吃粽子、喝雄黄酒的风俗，以此来纪念爱国诗人屈原。

2. 二组主题：端午节源于纪念伍子胥

有关端午节的第二个传说，在江浙一带流传很广。人们认为端午节为纪念春秋时期（公元前770—前476年）的伍子胥而形成的节日。伍子胥原是楚国人，父兄均被楚怀王杀害，后来子胥无奈投奔吴国，助吴伐楚，五战而入楚都郢城，也算报了杀父兄之仇。

吴王阖闾死后，其子夫差继位，吴军士气高昂，百战百胜。吴国大败越国后，越王勾践请和，夫差许之。而伍子胥则建议，应彻底消灭越国，夫差不听。其后吴国太宰受越国贿赂，谗言陷害伍子胥，夫差信之，赐伍子胥宝剑，子胥自刎而亡。他在死前对邻舍人说："我死后，将我眼睛挖出悬挂在东城门上，以看越国军队入城灭吴。"夫差听后大怒，令取伍子胥之尸体装在皮革里于五月初五投入大江，因此相传端午节亦为纪念伍子胥之日。

3. 三组主题：端午节源于纪念孝女曹娥

端午节的第三个传说，是为纪念东汉（23—220年）孝女曹娥救父投江的感人事迹。曹娥是东汉上虞人，父亲溺于江中，数日不见尸体，当时孝女曹娥年仅14岁，昼夜沿江嚎哭。17天后的五月初五，曹娥父亲的尸体还没找到，于是她跳进江中，5日后抱出父尸。之后此事迹传为佳话，继而传至县府知事，于是知事令度尚为之立碑，让他的弟子邯郸淳作诔辞颂扬。

【教师补充介绍PPT】少数民族的端午风俗

在中华民族大家庭中，汉、满、蒙古、藏、苗、彝、畲、锡伯、朝鲜、土家、达斡尔等约30个民族都过端午节，可见这一节日流传之广。但不同地区、不同民族对这一节日的理解和过法也不尽相同。

虽然汉族过端午的习俗相当丰富，但一些少数民族的风俗也别有趣味。比如，四川小凉山彝族在端午节时，人们纷纷进山采集草药，做成防病治病之用的香囊；仫佬族过端午节要抬着纸船到田间游走，寓意赶走害虫，期盼禾苗茁壮成长；贵州苗族端午节除举行赛龙舟外，还举行踩鼓舞、唱歌、赶山、游方等活动；藏族民间过端午节，青年男女到郊野游乐，进行赛马、歌舞、游戏等活动。

（四）教师总结

端午节是在中国流传已久的传统节日，始于春秋战国时期，至今已有两千多年的历史了。在同学们的发言中我们可以发现，端午节的由来众说纷纭。而且通过学习后我们知道，在我国的少数民族中，有近30个民族过端午节，可见端午节的流传之广、各民族间的思想认同和民族感情之深厚。中国有 55 个少数民族，每个民族都有自己的风俗习惯和文化遗产，而这些丰富的文化遗产都是我们中国文化的组成部分。

祖先创造了优秀的民族文化，我们应该继承并发扬光大，这也是爱国的一个方面。而今天我们面对祖先遗留的文化精华，该如何让它们更加辉煌，就是我们每一个中国人下一步应该思考的问题。同学们，希望你们能让它们成为中国的骄傲，让中国文化成为世界瞩目的焦点。

五、教学反思

（1）通过语文学习与生活的结合，促进学生语文素养的整体推进和协调发展，让学生真正成为了学习的主体。由于学生是活动过程的设计者与执行者，从而使学生更加明确自己在学习过程中的角色。

学生成为学习问题的发现者和探究者，利用资源进行自主发现、问题探索性的学习。学生也是协作活动的参与者，利用网络进行协商合作，完成讨论式的学习。学生还是学习问题的解决者，以专题学习成果的设计与制作来实现学习问题的解决。最后，学生也是知识的意义建构者，利用信息工具进行知识重构与创新，进行共建网站的创新实践。

本课着眼学科本身的资源，学生以自己的方式对教材进行诠释、理解、改选和重组，以使学生的听说读写能力得到整体发展。教学中为了充分体现新课程标准"注意开发利用课程资源"的精神，着重注意引导学生从教室走向社会，从课内走向课外，使语文教学更加鲜活，更加有趣，增加学生的知识储备与生活体验。

（2）同学们在交流的过程中真正感受到，仅仅一个端午节就如此绚烂多彩，我们的祖国确实是一个伟大的多民族国家，有着丰富的文化资源。民族文化是中华民族的瑰宝，我们有责任继承和发扬这些非物质文化遗产。在教学中，作为语文教师，要有意识引导学生关注民族文化，关注非物质文化遗产的保护。

六、教学资源

（1）国家民委门户网站，http：//www. seac. gov. cn。

（2）东方民族网，http：//www. e56. com. cn。

（3）百度百科，http：//baike. baidu. com。

（4）中国民族宗教网，http：//www.mzb.com.cn。

（5）中国教育网，http：//www.edu.cn。

渔家傲·秋思

一、教材中的位置

本节采自《义务教育课程标准实验教科书·语文》九年级（上册），第六单元，第25课，第212页。

二、民族团结教育切入点

羌笛是我国古代西部游牧民族常使用的一种乐器，它发出一种凄切之音，因此唐代边塞诗中经常提到，借以描述边疆战士的凄苦生活和抒发其思乡之情。本节以唐代边塞诗中一首典型的代表作为切入点，展现唐代边塞诗的写作风格和特点，展现诗歌中意象手法的渲染作用。尤其是本首诗的作者通过"羌管悠悠霜满地"的景物描写，烘托出战士们寒夜戍守的悲壮情境，为下文进一步抒情作铺垫。通过这一切入点，使学生学会欣赏唐代边塞诗魅力，同时增加对民族乐器——羌笛的了解。

三、教学目标

（1）了解有关羌笛结构和来源，认识有关羌族的文化。

（2）学习唐代边塞诗中如何以羌笛为点抒发作者感情，学会鉴赏唐代边塞诗，学习其描写手法。

（3）培养学生对少数民族历史和少数民族乐器的兴趣，培养学生对诗歌的爱好和鉴赏能力。让学生理解在唐宋诗词中多有羌笛的描述，它既是现实生活的写照，又是诗人审美创造的结晶和情感意念的载体。

四、教学设计

【PPT 提供资料】

有关羌笛的描述，东汉马融的《长笛赋》中有"近世双笛从羌起，羌人伐竹未及已"，许慎的《说文解字》中有"羌笛三孔"，宋代《乐书》中有"羌笛五孔"等。唐宋以来，文人诗文中多有对羌笛的描述，可见羌笛流行久远和广泛。

老师："羌人"为我国的一个少数民族的先民，同学们是否知道呢？这个民族主要生活在我国的哪些地区？

学生："羌人"为羌族先民。羌族现主要生活在我国四川省阿坝藏族自治州、茂汶羌族自治县、黑水、汶川、理县等地。

老师：羌笛是羌人常使用的一种乐器，唐代边塞诗中经常有对羌笛的描述，请同学们回忆我们学过的有关羌笛的古诗。

学生：王之涣《凉州曲》中写道："羌笛何须怨杨柳，春风不度玉门关。"岑参的《白雪歌送武判官归京》："中军置酒饮归客，胡琴琵琶与羌笛。"

老师：那么对比以前所学古诗中关于羌笛的描写方法，今天我们学习的范仲淹《渔家傲·秋思》中"羌管悠悠霜满地"这句，对羌笛的描写又有怎样的表达效果？

学生：羌笛发出的凄切之音，常常让游子、征夫怆然泪下。"羌管悠悠"增加了寒夜的深重，侧面表现出戍卒的艰苦生活，渲染一种悲凉的氛围，为下文进一步抒情作铺垫。

【PPT 提供资料】

古诗中意象的运用及作用

中国古诗讲究含蓄，因此诗人的抒情往往不是情感的直接流露，也不是思想的直接灌输，而是多采用"言在此，而意在彼"的写法。写景可借景抒情，咏物则托物言志。这里所写之"景"、所咏之"物"，即为客观之"象"，借景所抒之"情"，咏物所言之"志"，即为主观的"意"；而"象"与"意"的完美结合，就是"意象"。它既是现实生活的写照，又是诗人审美创造的结晶和情感意念的载体。诗人的聪明往往就在于他能创造一个或一群新奇的"意象"，含蓄地抒发自己的情感，因为一个意象蕴含着丰富多样的情感内容。

老师：作者借羌笛这个"象"及它所蕴含的无限丰富的"意"，将直抒胸臆和借景抒情相结合，抒发出边关将士壮志难酬和思乡忧国的情怀。希望同学们在今后的古诗学习中注意意象的表达效果，积累此方面的知识。

五、教学反思

（1）让学生了解羌族及羌笛，学习古诗中运用羌笛抒发情感的描写方式，感受作者借助羌笛所要传达的情感。

（2）教学中应指导学生理解掌握古诗中多种意象的表达效果及作用，积累相关知识。

六、教学资源

（1）中国民族宗教网，http：//www. mzb. com. cn。

（2）中国教育网，http：//www. edu. cn。

（教师）笔记

数　学　篇

（教师）
笔记

初一年级

整　式

一、教材中的位置

本节采自《义务教育课程标准实验教科书·数学》七年级（上册），第二章《整式的加减》，第一节《整式》，第53页。

二、民族团结教育切入点

本节以少数民族地区特殊的地形、地貌为切入点，学习整式的基本概念，使学生能够使用基本的数学算法和整式概念，同时了解少数民族地区一些特殊的地形、地貌，增强对于少数民族知识的了解。

三、教学目标

（1）了解整式的基本概念，会用字母表示数、表达数量关系。

（2）通过对实际问题的计算和分析，了解青藏铁路线上的冻土地貌。

四、教学设计

（一）创设情境，导入新课

举世瞩目的青藏铁路于2006年7月1日建成通车，是世界上海拔最高、路线最长的高原铁路。今天我们就来探讨这条铁路上有关路程的问题。

（教师）
笔记

【例1】青藏铁路线上，在格尔木到拉萨之间有一段很长的冻土地段，列车在冻土地段的速度是 100 千米/时，在非冻土地段的速度可以达到 120 千米/时，那么列车在冻土地段行驶时，2 小时能行驶多少千米？3 小时能行驶多少千米？t 小时呢？（提示：字母 t 表示时间，用含有字母 t 的式子 100t 表示路程）。

【分析】根据速度、时间和路程的关系：路程 = 速度 * 时间

　　　　2 小时行驶的路程：$100 \times 2 = 200$（千米）

　　　　3 小时行驶的路程：$100 \times 3 = 300$（千米）

　　　　t 小时行驶的路程：$100 \times t = 100t$（千米）

注意：在含有字母的式子中如果出乘号，通常将号写作"*"。

【例2】用含有字母的式子填空，解答教科书第 54 页思考题。

【解答】(1) $6a^2$　(2)　$2.5x$　(3) vt　(4) $-n$　(5) a^3

通过以上两道问题，激发学生兴趣，进而引出本节新课。

（二）合作交流，探索新知

1. 单项式概念的探索，所有单项式都表示数与字母的积

（1）引出单项式的概念：通过列出几个式子，举例引出概念。单项式——表示数或字母的积的代数式叫做单项式。特别的，单独一个数或一个字母也叫做单项式，如 Z、a 等。

（2）让学生举出单项式的例子。

2. 单项式系数和次数的探索

教师：以上单项式有什么结构特点？

学生：由数字因数和字母因数两部分组成。

教师：分别说出它们的数字因数和各字母的指数。

学生：（略）

教师：单项式中的数字因数，叫做单项式的系数。一个单项式中，所有字母的指数的和，叫做这个单项式的次数。

3. 交流练习

同桌之间一人举出单项式，另一人指出单项式的系数及次数（教师巡视指导，请个别学生展示交流成果）。

4. 例题教学

（略）

（三）练习巩固，熟练技能

（略）

（四）总结反思，拓展延伸

（略）

（教师）笔记

五、教学反思

以实际事例为背景向学生介绍常规数学知识和概念，可以引起学生的求知欲望，使其学会将课本知识运用到实际生活中。同时，介绍一些西藏地区特有的地形地貌，引起学生的学习兴趣，促使学生对少数民族地区产生求知的欲望，鼓励学生上网多进行了解。

六、教学资源

（1）中国百度文库，http：//wenku.baidu.com。
（2）豆丁网，http：//www.docin.com。

统计调查

一、教材中的位置

本节采自《义务教育课程标准实验教科书·数学》七年级（下册），第十章《数据的收集、整理与描述》，第一节《统计调查》，第151页。

二、民族团结教育切入点

本节以各少数民族人口数量为切入点，让学生初步接触数据的收集、整理和描述工作，在学习了一些基础的数据统计调查知识的同时，也增强了对少数民族人口概况的了解。

三、教学目标

（1）学会根据问题查找有关资料，获得数据信息。
（2）学会使用条形图、扇形图等图形分析和描述收集到的有关数据。
（3）增加学生对少数民族人口概况的了解。

四、教学设计

（一）情景创设，导入新课

阅读相关材料并回答问题：

中国共有 56 个民族，由于汉族人口众多，其他 55 个民族人口相对汉族来说较少，所以习惯上把这 55 个民族统称为少数民族。我国的 56 个民族分别是：汉族、蒙古族、回族、藏族、维吾尔族、苗族、彝族、壮族、布依族、朝鲜族、满族、侗族、瑶族、白族、土家族、哈尼族、哈萨克族、傣族、黎族、傈僳族、佤族、畲族、高山族、拉祜族、水族、东乡族、纳西族、景颇族、柯尔克孜族、土族、达斡尔族、仫佬族、羌族、布朗族、撒拉族、毛南族、仡佬族、锡伯族、阿昌族、普米族、塔吉克族、怒族、乌孜别克族、俄罗斯族、鄂温克族、德昂族、保安族、裕固族、京族、塔塔尔族、独龙族、鄂伦春族、赫哲族、门巴族、珞巴族、基诺族。

中国 55 个少数民族的总人口为 11379 万（2010 年中国大陆人口普查统计数，下同），占全国总人口的 8.49%。而各少数民族人口数量多少不等，其中：人口在 1000 万以上的有壮族、回族、满族及维吾尔族；人口在 1000 万以下 100 万以上的民族有 14 个：蒙古族、藏族、苗族、彝族、布依族、朝鲜族、侗族、瑶族、白族、土家族、哈尼族、哈萨克族、傣族、黎族；人口在 100 万以下 10 万以上的民族有 18 个：傈僳族、佤族、畲族、拉祜族、水族、东乡族、纳西族、景颇族、柯尔克孜族、土族、达斡尔族、仫佬族、羌族、撒拉族、布朗族、毛南族、仡佬族、锡伯族；人口不足 10 万人的民族有 20 个：阿昌族、普米族、塔吉克族、怒族、乌孜别克族、俄罗斯族、鄂温克族、德昂族、保安族、裕固族、京族、基诺族、高山族、塔塔尔族、独龙族、鄂伦春族、赫哲族、门巴族、珞巴族。

中国少数民族人口虽少，但分布地域辽阔，在中国县级行政区域都有居住。少数民族除主要聚居在内蒙古、新疆、宁夏、广西、西藏、云南、贵州、青海、甘肃、四川、湖南、湖北、吉林、辽宁、黑龙江、海南、重庆等省（自治区、直辖市）外，还约有 1000 万人口散居在全国各地。

问题：

（1）人口普查通常采用什么调查方法？

（2）各少数民族总人数占全国总人口的百分比是多少？若用扇形图表示少数民族人口的情况，则表示少数民族人口的扇形圆心角的度数是多少？

（3）请用条形统计图表示蒙古族、藏族、回族、壮族、维吾尔族人口情况。

（4）人口较少的民族有哪些？对于如何改善这些少数民族的教育状况，请你提出一些自己的建议。

学生在教师引导下阅读材料并思考问题，对于基础较好的学生可以尝试解答此问题。教师应鼓励学生独立思考并解题。

（二）新课（略）

条形统计图：就是用坐标的形式来描述。

扇形统计图：用一个圆代表总体，然后将各部分所占的百分比将圆分成若干部分，再在各部分中标出相应的百分比和名称。

（三）巩固练习（略）

五、教学反思

学习了统计调查中如何收集、整理、描述和分析数据，这些就是我们统计的基本过程，特别是要会制作条形统计图或扇形统计图来对数据进行直观、形象的描述。在问题引入中采用了少数民族人口数量情况作为载体，不仅培养了学生对材料的处理能力，而且让学生对少数民族人口数量的大致情况有所了解。

六、教学资源

（1）中国百度文库，http：//wenku.baidu.com。

（2）豆丁网，http：//www.docin.com。

初二年级

轴对称

一、教材中的位置

本节采自《义务教育课程标准实验教科书·数学》八年级（上册），第十二章《轴对称》，第 29 页。

二、民族团结教育切入点

大多数少数民族的建筑、服饰等艺术品都以对称形式出现，扎染工艺特别体现了轴对称在生活中的应用。本节就是以少数民族的各种工艺品、建筑为实例，使学生了解轴对称概念及其特点，掌握数学中的基本概念和生活常识，同时也更加了解少数民族的文化知识。

三、教学目标

1. 教学知识点

（1）通过丰富的生活实例认识轴对称，能够识别简单的轴对称图形及其对称轴。

（2）分析轴对称图形特征，理解轴对称的概念。

2. 能力训练要求

（1）通过本节轴对称图形的学习，学会观察生活、鉴赏生活中的艺术品。

（2）经历观察、分析的过程，训练学生观察、分析的能力。

3. 情感与价值观要求

（1）通过对丰富的轴对称现象的认识，进一步体会对称的美，促进观察、分析、归纳、概括等一般能力和审美能力的提高。

（2）学会鉴赏少数民族优秀的文化艺术品，包括建筑、工艺品等，激发学生对民族文化的热爱之情，体会民族艺术的魅力。

4. 教学重点

轴对称图形的概念、轴对称的性质。

5. 教学难点

能够识别轴对称图形并找出它的对称轴，体验轴对称的特征。

6. 教学方法

图片展示法、启发思考法、创设情境法、实例证明法等。

四、教学设计

（一）创设情境，引入新课

我们生活在一个充满对称的世界中，许多建筑物都设计成对称形，艺术作品的创作往往也从对称角度考虑，自然界的许多动植物也按对称形生长，我国少数民族的建筑、服饰中也有许多具有对称性……对称给我们带来多少美的感受！初步掌握对称的奥妙，不仅可以帮助我们发现一些图形的特征，还可以使我们感受到自然界的美与和谐。从文化角度讲，对称也是中国文化中有关"和谐和平衡"主题的体现和要求。

轴对称是对称中重要的一种，今天我们来认识一下什么是轴对称图形，什么是对称轴，轴对称有什么样的特征。

（二）导入新课

教师：我们先来看几幅图片，它们是我国少数民族生活中常见的物品和建筑。这些工艺品处处体现着轴对称的原理，让我们观察它们都有什么共同特征。

（教师）
笔记

【PPT 资料放映】

图5　龙州金龙镇板池材壮锦

图6　壮锦"龙凤朝阳"图案

图7　广西大新县宝圩乡板价村壮族妇女头帕

【教师归纳】

轴对称的概念：如果一个图形沿一直线折叠，直线两旁的部分能够互相重合，这个图形就叫做轴对称图形，这条直线就是它的对称轴。这时，我们也说这个图形关于这条直线（对称轴）对称。

教师：接下来我们来探讨一个有关对称轴的问题。有些轴对称图形的对称轴只有一条，但有的轴对称图形的对称轴却不止一条，有的轴对称图形的对称轴甚至有无数条，大家请看屏幕。

【PPT 资料放映】

练习：请找出下列图形的对称轴。

(1)　　　(2)　　　(3)　　　(4)　　　(5)

答案：

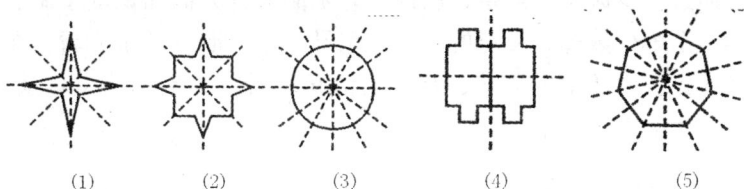

(1)　　　　(2)　　　　(3)　　　　(4)　　　　(5)

教师：通过以上示例，同学们学会如何识别轴对称图形了吗？请看以下图片，说说有什么体会。

（展示图形）
【PPT 资料放映】

图8　塔吉克族　　图9　塔塔尔族　　图10　锡伯族　　图11　畲族

学生：这些图形都是轴对称图形。可是轴对称图形指的是一个图形，而这些图形每组都是两个图形，能不能说两个图形成轴对称呢？

教师：把一个图形沿着某一条直线折叠，如果它能够与另一个图形重合，那么就说这两个图形关于这条直线对称，这条直线叫做对称轴，折叠后重合的点是对应点，也叫做对称点。

五、教学反思

通过少数民族生活中的实例引导学生学习。对称现象在生活中广泛存在，本节通过观看不同民族的建筑、服饰、艺术作品等，让学生感受轴对称无处不在，并用这些图片激发学生的学生兴趣，同时也让学生感受少数民族的建筑、服饰、艺术品等的魅力。同学们在课堂上对所涉及的民族有了一点了解，进而产生兴趣。

仅仅以图片引导学生认识轴对称图形，对于中学生来说，往往流于表面，不能深入了解轴对称图形的特征和应用，需要老师进一步引导，通过讲解这些少数民族工艺品的进一步知识，辅以试题练习，可以加深和巩固学生对轴对称图形的认识。

通过对少数民族建筑、服饰、艺术品等各方面知识的了解，引发学生了解少数民族文化的兴趣，引导学生以欣赏的眼光看待少数民族人民在生活中的创造，从审美的角度看待少数民族文化遗产，提高学生的审美水平。

六、教学资源

（1）中国百度文库，http：//wenku. baidu. com。

（2）豆丁网，http：//www. docin. com。

中位数和众数

一、教材中的位置

本节采自《义务教育课程标准实验教科书·数学》八年级（下册），第二十章《数据的代表》，第一节《中位数和众数》，第130 页。

二、民族团结教育切入点

本节通过收集并分析我国少数民族人口数量，学习中位数、众数等数据代表概念，并了解如何求得这些数据代表，然后运用于实际生活中，增强对少数民族人口情况的了解。

三、教学目标

（1）学会收集少数民族人口分布资料，并分析其中所包含的数学概念。

（2）掌握中位数、众数等数据代表的概念，并能够根据所给信息求出相应的数据代表。

（3）了解少数民族人口状况，学会利用本节所学概念，如中位数、众数等数据代表，分析少数民族人口资料，进而加深对少数民族基本情况的了解。

四、教学设计

（一）引言

当今世界各国普遍关注人口问题。掌握人口数量的多少，可以为有效控制人口增长和制定民族政策提供依据。我国人口普查工作目前共进行了 6 次：第一次始于 1953 年，1964 年进行第二次人口普查，1982 年 7 月进行第三次人口普查，1990 年 7 月进行第四次人口普查，2000 年 11 月进行第五次人口普查，2010 年第六次人口普查。本课采用大家较为熟悉的 2000 年人口普查数据为例进行授课。

（教师）
笔记

（二）概念引入

中位数　将一组数据按照由小到大（或由大到小）的顺序排列。如果数据的个数是奇数，则处于中间位置的数就是这组数据的中位数；如果数据的个数是偶数，则中间两个数据的平均数就是这组数据的中位数。

众数　一组数据中出现次数最多的那个数据叫做这组数据的众数。

【例】在 2000 年第五次人口普查时，下列统计为 100 万人以上的民族人口数据（为计算方便取约数，单位：万人）。

壮族	1610	回族	980	苗族	890	维吾尔族	840	土家族	800	白族	190
朝鲜族	190	满族	1620	傣族	110	布依族	300	侗族	300	瑶族	260
哈尼族	140	哈萨克族	130	黎族	120	彝族		780	蒙古族	580	藏族	540

问题：

（1）样本数据（18 个民族的人口）的中位数是多少？

（2）一个民族的人口为 530 万人，在这些数据中人口是多还是少？

分析：首先将数据进行排序，发现总数为偶数，则需要找这组数据中间两个数的平均数。

解：（1）先将样本数据按照由小到大的顺序排列：

110　120　130　140　190　190　260　300　　300

540　580　780　800　840　890　980　1620　1610

则这组数据的中位数为处于中间的两个数 300、540 的平均数，

即：$\dfrac{300 + 540}{2} = 420$

因此样本数据的中位数是 420。

解：（2）根据上题结论，这些民族的中位数为 420。即在人口

（教师）
笔记

100 万人以上的民族中，大约有一半民族人口多于 420 万人，有一半民族人口少于 420 万人。如果一个民族人口为 530 万人，可以推测这个民族在以上 18 个民族中相对是人口多的民族。

（三）课后补充，强化知识

中国共有 56 个民族，由于汉族人口众多，其他 55 个民族人口相对汉族来说较少，所以习惯上把这 55 个民族统称为少数民族。

中国少数民族人口虽少，但分布地域辽阔，在中国县级行政区域都有居住。少数民族除主要聚居在内蒙古、新疆、宁夏、广西、西藏、云南、贵州、青海、甘肃、四川、湖南、湖北、吉林、辽宁、黑龙江、海南、重庆等省、自治区、直辖市外，还约有 1000 万人口散居在全国各地。具体人口数据如下（单位：万人）。

人口在 1000 万人以上的少数民族（4 个）

壮族	1617.88
满族	1068.23

人口在 500 万～1000 万人之间的少数民族（7 个）

回族	981.68
苗族	894.01
维吾尔族	839.94
土家族	802.81
彝族	776.23
蒙古族	581.39
藏族	541.60

人口在 100 万～500 万人之间的少数民族（9 个）

布依族	297.15
侗族	296.03
瑶族	263.74
朝鲜族	192.38
白族	185.81
哈尼族	143.97
哈萨克族	125.05
黎族	124.78
傣族	115.90

人口在 50 万～100 万人之间的少数民族（4 个）

畲族	70.96

傈僳族	63.49
仡佬族	57.94
东乡族	51.38

人口在 10 万 ~ 50 万人之间的少数民族（13 个）

拉祜族	45.37
水族	40.69
佤族	39.66
纳西族	30.88
羌族	30.61
土族	24.12
仫佬族	20.74
锡伯族	18.88
柯尔克孜族	16.08
达斡尔族	13.24
景颇族	13.21
毛南族	10.72
撒拉族	10.45

人口在 10 万人以下的少数民族（20 个）

布朗族	9.19
塔吉克族	4.10
阿昌族	3.39
普米族	3.36
鄂温克族	3.05
怒族	2.88
京族	2.25
基诺族	2.09
德昂族	1.79
保安族	1.65
俄罗斯族	1.56
裕固族	1.37
乌孜别克族	1.24
门巴族	0.89
鄂伦春族	0.82
独龙族	0.74
塔塔尔族	0.49

（教师）
笔记

赫哲族	0.45
高山族	0.45
珞巴族	0.29

对比 1964—2000 年各民族人口增长状况，发现各民族人口增长情况各不一样，以下是对比情况。

汉族 651,296,368 ~ 1,137,386,112 ——汉族增长了 75%

壮族 8,386,140 ~ 16,178,811 ——壮族增长了 93%

回族 473,147 ~ 9,816,805 ——回族增长了 107%

满族 2,695,675 ~ 10,682,262 ——满族增长了 297%

苗族 2,782,088 ~ 8,940,116 ——苗族增长了 221%

彝族 3,380,960 ~ 7,762,272 ——彝族增长了 130%

朝鲜族 1,339,569 ~ 1,923,842 ——朝鲜族增长了 44%

蒙古族 1,965,766 ~ 5,813,947 ——蒙古族增长了 196%

维吾尔族 3,996,311 ~ 8,399,393 ——维吾尔族增长了 110%

布依族 1,348,055 ~ 2,971,460 ——布依族增长了 115%

藏族 2,501,174 ~ 5,416,021 ——藏族增长了 116%

据 2000 年第五次全国人口普查统计，少数民族人口 10449 万，占全国人口的 8.41%，比 1990 年的 1523 万增长了 16.70%。

五、教学反思

为了增进学生对少数民族人口情况的了解，本节引入了人口 100 万人以上的少数民族人口数据，一是让学生了解这些民族人口发展情况，二是利用中位数知识去了解部分少数民族人口相比较时的排列情况，充分调动学生的学习兴趣。

同时，通过对少数民族人口情况的感性认知，还能引发学生更深层次的领悟：少数民族兄弟姐妹也是民族大家庭中的组成部分，是不可或缺的家庭成员。

六、教学资源

（1）中国百度文库，http：//wenku.baidu.com。

（2）豆丁网，http：//www.docin.com。

（3）中国民族网，http：//www.people.com.cn/GB/paper39/5573/571142.html。

初三年级

圆锥的侧面积和全面积

一、教材中的位置

本节采自《义务教育课程标准实验教科书·数学》九年级（上册），第二十四章《圆》，第四节《圆锥的侧面积和全面积》，第64页。

二、民族团结教育切入点

本节通过了解我国少数民族典型建筑特点为切入点，引入有关圆的概念和圆锥的知识，让学生掌握基本的数学几何图形和求解方法，即掌握基本的数学计算技能。同时引导学生欣赏我国少数民族的典型建筑特点，充分认识到这些是我国少数民族的智慧结晶。

三、教学目标

（1）掌握圆和圆锥的基本概念并了解其特征。

（2）学会运用公式求圆锥的侧面积和全面积及应用。

（3）学会欣赏少数民族建筑特点，增强学生学习少数民族传统文化的意识，尊重并弘扬民族传统文化。

四、教学设计

（一）引言

我国是一个多民族的国家，各少数民族的建筑各有特色。下面，我们就利用今天所学的数学知识去全面地分析一些典型的少数民族建筑。

（1）你能描述一下蒙古包的组成吗？

答：它由一个圆锥和一个圆柱构成。

（2）蒙古包简介。

"蒙古包"是对蒙古族牧民住房的称呼，"包"，就是"家""屋"的意思。

蒙古包是用毛（毡）搭建的，而不是用金属、砖瓦、泥水等构成。其具有构造形式独特、拆装容易、搬迁方便等优点，非常适合游牧民族的生产、生活方式，因此蒙古包成为蒙古族人民生活起居之所。

蒙古包没棱没角，光滑溜圆，呈流线型形状。这是因为圆形尖顶在大风雪中阻力小，不积雪，包顶不存雨水，所以蒙古包能够抵御草原上的沙暴和雨雪。

蒙古包冬暖夏凉，其背面可以开风窗，还可把围毡边撩起来，使其八面通风，如坐凉亭。这种特征使得在蒙古包里尤其适合制作奶食品。现在有的蒙古包已不住人，夏天专门用来做奶食品。

（二）圆锥的侧面展开图及计算公式

蒙古包可以近似地看做由圆锥和圆柱组成，那么怎么求其面积呢？这节课我们就来研究圆锥的侧面积和全面积的计算方法。

（1）介绍圆锥的侧面展开图，由扇形的面积公式得出圆锥的侧面积公式及全面积公式。

（2）让学生求一个简单的圆锥的侧面积和全面积。

（三）模型化例题

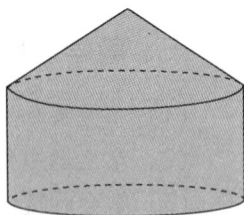

[例题] 蒙古包可以近似地看成由圆锥和圆柱组成的。如果想在某个牧区搭建 20 个底面积为 35 平方米，高为 3.5 米（其中圆锥形顶子的高度为 2 米）的蒙古包。那么至少需要用多少平方米的帆布？（结果精确到 1 平方米）。

解：上图是一个蒙古包的示意图。根据题意，下部圆柱的底面积为

$$2\pi \times 3.34 \times 1.5 \approx 31.46(\text{平方米})$$

高为 1.5 米

上部圆锥的高为 3.5 − 1.5 = 2（米）

圆柱的底面半径为 $\sqrt{\dfrac{35}{\pi}} \approx 3.34$ 米

侧面积为 $2\pi \times 3.34 \times 1.5 \approx 31.45$（平方米）

圆锥的母线长为 $\sqrt{3.34^2 + 2^2} \approx 3.89$（米）

侧面展开扇形的弧长为 $2\pi \times 3.34 \approx 20.98$（米）

圆锥的侧面积为 $\dfrac{1}{2} \times 3.89 \times 20.98 \approx 40.81$（平方米）

因此，搭建这样的蒙古包至少需要毛毡：

$$20 \times (31.45 + 40.81) \approx 1445（平方米）$$

答：搭建这样的蒙古包至少需要毛毡约 1445 平方米。

五、教学反思

由于圆锥的侧面积公式及全面积公式过于抽象，所以对于这部分知识的学习和应用需要联系实际生活实例。本节中引入蒙古包的实例，既贴近生活又生动形象，便于讲授。

教材例题中出现了蒙古包的侧面积及全面积的计算，由此引入了一些蒙古包的介绍，激发了学生的学习兴趣，增加了对少数民族建筑文化的了解。

本节课通过教学与实际问题结合，提高学生的学习兴趣，激发学生的学习兴趣，变"要学生学"为"学生要学"，提高课堂学习效率。

六、教学资源

（1）中国百度文库，http：//wenku. baidu. com。

（2）豆丁网，http：//www. docin. com。

（3）中国民族网，http：//www. people. com. cn/GB/paper39/5573/571142. html

（教师）笔记

英　语　篇

初一年级

Spring Festival

一、教材中的位置

本节采自《义务教育课程标准实验教科书·英语》七年级（下册），第二模块 Spring Festival，第 10～11 页。

二、民族团结教育切入点

本模块以中国传统节日"春节"为话题和切入点，介绍了春节各种传统活动，使学生从阅读英文材料中获取有关春节的信息。

春节是我国最重要的节日，是全国各族人民共同欢庆的日子。书中所介绍的材料记载了汉族人民过春节时的传统活动，而其他少数民族是如何过春节的呢？

作为对书中阅读材料的扩展，将 5 个少数民族过春节的传统活动，以阅读理解的形式表现出来，检验学生们对春节题材文章的理解，增长学生们的见识，培养热爱少数民族的感情。

三、教学目标

（1）能够读懂关于各个少数民族欢度春节传统活动的介绍。

（2）能够根据所提供的阅读材料，完成所给的阅读题目。

（3）加深对所涉及的少数民族传统文化的认识和理解，增强学生对少数民族文化的热爱。

（教师）
笔记

四、教学设计

（一）导入本模块内容

通过对本模块 Unit 1 和 Unit 2 的学习，在学生们了解和掌握汉族人民欢度春节的传统活动之后，对本模块的话题进行拓展，即阅读汉族以外的 5 个少数民族欢度春节的传统活动相关材料，之后阅读问题选择正确答案。

T：OK, class. Now we know there are a lot of traditions at Spring Festival in China. And we also know that there are different groups of people in China. Do you know how many ethnic groups there are in China?

S：There are 56.

T：Yes, very good. Can you name some of them for us? For example, Han. Anyone else? You can just say Chinese and I will give you their English.

S：Tibetan, Bai, Mongolian, Uygur……

T：Good job！Do you know how they celebrate Spring Festival? Now let's look at your handouts. There is a reading comprehension for you. It is all about the celebrating traditions of different ethnic groups. There are Tibetan, Zhuang, Manchu, Tujia and Dai. I will give you 5 minutes to read the paragraphs and after that, you are going to choose the best answers for each question.

扩展阅读材料：

1. Tibetan（藏族）

On New Year's Eve, Tibetans wear colorful dresses and special masks（面具）. With different kinds of musical instruments（乐器）in their hands, they play music and dance to invite the gods to homes. It is a tradition to celebrate the Spring Festival. The young boys sing and dance happily. It can sweep away the bad luck and bring happiness and good luck. On the morning of Spring Festival, women go to the river to take some "good luck water" back home. This means good luck all the year round.

2. Zhuang（壮族）

People of Zhuang ethnic group（民族）are celebrating the Spring

Festival at the same time with Han ethnic group. On the evening of New Year's Eve, they get the rice ready for the festival. It means a good harvest (丰收) next year. People get dressed before daybreak (天亮) on Spring Festival. There are also fireworks in the morning to welcome the New Year. Women all go to the river or the well (井) to get the "new water", and then the new life in a new year just starts.

3. Manchu (满族)

There are banner men (旗人) of red, yellow, blue and white in Manchu. On Spring Festival, the banner men of red put up the red banners, the banner men of yellow put up yellow banners, the banner men of blue put up blue banners and the banner men of white put up white ones. There are beautiful pictures on these banners. They mean a happy start for a new year.

4. Tujia (土家族)

"Baishou (swaying arms) Dance" is a very famous celebration for Tujia. It is the most popular and oldest dance. There are more than 70 dancing actions (动作). People just dance to the music with nothing in their hands. It is a special tradition and it shows a different celebration from others.

5. Dai (傣族)

Water – splashing Festival is the most important festival for Dai. It is also the New Year for Dai. It is not at the same time with Han ethnic group. In 3 or 4 days of this festival, people splash water to the others. It has a meaning of washing down the dust (尘土) of the last year and start a clean new year.

Questions:

(1) How many ethnic groups are there who dance to celebrate New Year?

A. 2　　　　B. 3　　　　C. 4　　　　D. 5

(2) ____ and ____ think water on the first day of a new year brings people good luck.

A. Tibetan, Manchu　　　　B. Tujia, Dai

C. Tibetan, Zhuang　　　　D. Zhuang, Tujia

(3) Which ethnic group has the longest celebration?

A. Zhuang   B. Manchu   C. Tujia   D. Dai

(4) Which one of the following is TRUE according to the material?

A. There are five colors for five kinds of banner men in Manchu.

B. Tibetans dance with musical instruments in their hands, but Tujia people don't.

C. People of Dai ethnic group celebrate Spring Festival at the same time with Han ethnic group.

D. Rice for the festival has a meaning of good luck in the new year.

（二）反馈与总结

（1）学生在指定的时间内完成阅读题目之后，核对答案，并要求学生讲解如何做出选择，从原文中找到做选择的依据。

（2）学生在独立进行阅读试题和选择答案之后，对阅读材料有大致了解。除了选择题目中所突出的细节之外，就阅读材料所涉及的少数民族欢度春节的传统活动等提供给学生一些图片、视频等更为形象生动的辅助材料，以更深刻地理解和记忆阅读内容。

（3）学生在教师指导下，着重标记和理解一些重点词汇的表达，与之前的形象内容结合记忆，达到增加词汇量以及实践形象记忆法的目的。

T：OK, class. Time is up. Now let's check your answers. First, please tell me which on you choose. And then tell me why. That is where you find it. OK? Question 1, have you got the answer?

S：I choose A. I find the word "dance" in Tibetan and Tujia.

T：Yes, very good. What about Question 2?

S：I choose C. From Tibetan, Zhuang and Dai, I find the word "water". But to bring water home means good luck, there are only Tibetan and Zhuang. As for Dai, it is the Water Splashing Festival that makes people lucky.

T：Yes, great! Good explanation. And Question 3?

S：I choose D. Because Dai people celebrate the festival for 3 or 4 days.

T：Good. That's right. And what about the last one? Which one is true?

S：I choose B. Option A is wrong because there are four, not five. Option C is wrong because it is Zhuang ethnic group has the celebration at the same time with Han ethnic group, but not Dai. And option D is wrong because rice is for harvest, not for good luck.

T：Yes. Excellent. Now we know that there are different celebrations for different ethnic groups. And then let's enjoy some pictures and try to guess which ethnic groups there are who celebrate the festivals.

（教师）
笔记

五、教学反思

在学生理解课文的基础上，本教学环节对同一话题的阅读材料进行阅读训练，目的在于拓展学生民族传统文化知识，核查、巩固学生有关中国欢度春节传统活动方面英语文章的阅读理解能力。学生在阅读材料中获得少数民族欢度春节的传统文化活动方面的知识，达到了普及少数民族文化知识的目的。

本阅读理解环节是就特定题材的文章进行阅读理解的过程。对文章 5 个少数民族欢庆春节的传统活动，学生表现出了浓厚的兴趣；在选择题的解答过程中，学生们自发地运用了阅读技巧。阅读题目的设定是符合理解规律的，前 2 题为统观全文的归纳题，第 3 题为细节阅读题，第 4 题稍有难度，为统观全文基础上的多细节阅读和判断题。大部分学生能够正确选择前 3 题，但第 4 题出现问题的学生较多。

通过英文阅读获得中国少数民族文化知识，这可以说是中国学生学习英文，最终以英文向世界介绍中国的最佳方式之一。学生在阅读过程中了解了中国少数民族欢度春节的各种不同文化传统，并对这种英文阅读产生了浓厚的兴趣。既提高英语阅读水平，也使学生对中国少数民族传统文化产生浓厚的兴趣。

六、教学资源

（1）http：//www.baidu.com.

（2）http：//www.tibet.cn.

（3）http：//www.truexinjiang.com.

（4）http：//www.chinaculture.com.

My Hometown and My Country

一、教材中的位置

本节采自《义务教育课程标准实验教科书·英语》七年级（下册），第五模块 My hometown and my country，第26～29页。

二、民族团结教育切入点

本模块通过对比较级的学习为切入点，使学生对少数民族城市进行比较，增强对少数民族地区的认识，主要涉及城市地理位置（即方位）、自然景观（如河流、山脉）、人文景观（宗教建筑）、人口数量以及特色文化等方面的介绍。伟大的祖国幅员辽阔，东西南北中各地分布着不同的少数民族，它们之间存在着明显的不同，各具特色。

三、教学目标

（1）读懂关于各个少数民族的阅读材料，包括地理方位、自然景观、人文景观、人口数量以及特色文化等方面的知识介绍。

（2）能够根据所提供的阅读材料，运用比较级完成两个民族地区之间各方面的比较。

（3）加深对所涉及的少数民族地区人文和地理文化的认识和理解，增强对祖国的热爱之情。

四、教学设计

（一）导入

在课文"My hometown and my country"中，作者对 Cambridge 和 London 作了全方位的介绍。为学生提供课外阅读材料，所给材料的题材与课文题材相似，不同的是其内容为对分布于我国西北和西南的两个少数民族区域的介绍。

Class, we have got an idea about the writers' hometown, Cambridge, London. Now I'd like you to read the introductions to two minorities in China. Please look at your handouts. You'll have 5 minutes to read Part I and at the same time, finish the exercises.

（二）阅读材料，回答问题

Part I Reading and answer the following questions.

The Xinjiang Uygur Autonomous Region（自治区），also called Xin for short, is in the northwest of China. It covers（覆盖）the largest area as a minority（少数民族）in China. The population of Xinjiang is 19.6311 million. Urumqi is the capital of Xinjiang. There are many beautiful lakes and lots of high mountains. People are good at farming and horses and cows live happily on the green grasslands. It is famous for the melons and grapes.

Tibet（西藏）is in the southwest of China. It is the second largest area as a minority in China. It has a population of 2.903 million people, with more than 95% Tibetans. Lhasa is the capital of Tibet and it is famous for Potala Palace. Many people are interested in this magic place and they travel from all over the world to see it. Tibetans usually eat Zanba, mutton and beef as their food. They are strong and healthy because they have healthy food and drink a lot of milk.

Exercises：

1. Where is Xinjiang Uygur Autonomous Region?

_____

2. Is Tibet the largest area as a minority in China?

_____

3. What is the capital of Xinjiang?

_____

4. What do Tibetans usually eat?

_____

5. Which one has a larger population, Xinjiang or Tibet?

_____

（三）书面表达

Part II According to the reading materials, write a passage about the two areas of minorities with comparatives.

Hints：northwest – southwest；

Larger area；

Population；

（教师）笔记

(教师)笔记

Healthier and stronger；

More fruits；……

（四）反馈与总结

学生完成 Part I 回答问题环节之后，教师核对答案并讲解文章细节，通过对内容有重点、有主次的分析之后，学生能够对 Part II 中的"用比较级"回答问题环节中所需要的重点内容有所关注，为进行下一步做铺垫。

学生在对两段文章理解透彻之后，进行 Part II 中的书面表达。通过对比，充分并恰当地运用比较级。

T：OK, now we have finished the exercises in these two parts, and here is one question for you. What are the two minorities do you know after reading?

S：Uygur in Xinjiang and Tibetan.

T：And how many ethnic groups are there in our country?

S：55.

T：What's our school's name?

S：Beijing No. 56 Middle School.

T：Since we have the same number with the ethnic groups, we should get to know more about our ethnic groups and make comparisons between these ones. By doing this, we can learn more and more about our country and other ethnic groups.

五、教学反思

本模块是在学生理解课文的基础上所做的拓展训练，目的在于拓展学生有关少数民族文化的知识，同时核查、巩固对地区介绍类型英语文章的阅读理解能力，使学生运用比较级对两个少数民族知识进行总结对比。学生在教师搭设的平台上逐步达到"在理解的基础上进行比较"的目标，效果良好。

本阅读理解和书面表达环节是层层递进的关系，对学生能力要求也是层层提高的，这符合学生能力逐步提高的实际情况。大部分学生能够达到第二层要求，但是个别同学对使用比较级进行比较表现出了较大问题。要解决此问题，旨在理解原文的基础上，夯实学生对比较级的认识和运用，以期达到预期效果。

学生在阅读过程中了解了如何用英文介绍中国少数民族，在原有中文知识的背景支持下，学生对少数民族的英文介绍兴趣浓厚。在此基础之上，学生对少数民族的热爱之情更容易被激发出来。

六、教学资源

（1）http：//www. xinjiang. gov. cn.

（2）http：//www. tibet. cn.

（3）http：//www. gotoxj. com/travel – xinjian.

（4）http：//www. truexinjiang. com.

（5）http：//www. chinaculture. com.

（教师）
笔记

初二年级

National Heroes

一、教材中的位置

本节采自《义务教育课程标准实验教科书·英语》七年级（下册），第十一模块 National Heroes，第 68～73 页。

二、民族团结教育切入点

中华民族是一个团结和谐的大家庭，在祖国五千年的历史长河中，各族人民共同进步，共同发展，涌现了一大批民族英雄，他们为伟大祖国的繁荣昌盛做出了杰出贡献。

本模块主要涉及历史上的民族英雄，如詹天佑、杨利伟等，介绍他们的生平及贡献，而中国元朝的成吉思汗在世界舞台上也扮演了重要的角色。本单元语言输出课中，通过"听"和"说"的练习，使学生熟悉本课句型，加深对中华民族中少数民族英雄的认识，增强民族自豪感。

三、教学目标

（1）学生能够有重点地听所给的关于成吉思汗的材料，包括 name、nation、story、contribution 等方面的介绍。

（2）学生能够根据所给的听力材料，运用本模块 Unit 1 中的句型及 Unit 3 中 Past heroes 问题为模式自己编写对话练习。

（3）学生能够加深对成吉思汗的认识和理解，正确看待历史上少数民族英雄人物的贡献和作用，增加对少数民族文化的了解。

四、教学设计

（一）Leading – in

通过学生阅读和理解 Unit 3 中 Around the world：Past heroes 内容，了解教师 Mother Teresa 生平事迹，为学生提供课外听力材料。这一材料题材紧扣 Around the world：Past heroes，刚好与接下来要着重讲的我国著名少数民族领袖成吉思汗的生平相吻合，达到了前后题材一致，文章相衔接。

Class，we have got to know about the great Mother Teresa. Now please think and tell me in our country，who，in your mind，is the past hero known all over the world？

Ok，good. I'd like you to watch a documentary about a great Chinese man. Watch it carefully，and you are expected to try to fill in the blanks in your handouts.

（二）Listening and Watching

Name	*Cenghis Khan*（Temüjin Borjigin）
Nationality	*Mongol*
Birth	*1162*
Death	*1227*
Activities	He started to contrast with other countries. He set up a terminal capital. He began a legal system. He understands the power of written words.
Dream	He said one tribe，is like a single arrow，*easily* broken，but many tribes together would be *strong*. They could *never* be broken.

（三）Group work

Please look at the two parts about our texts on your handouts. Pay attention to the bold parts. In your group of four，you'll have 5 minutes to prepare a dialogue about Cenghis Khan. Then present it to the whole class.

I. Dialogue on Page 68

Daming：Hi，Tony! Hi，Lingling! What did you think of *the film about Zhan Tianyou on television last night*?

Tony：I didn't see it. Who is *Zhan Tianyou*?

Lingling：He is a national hero.

Tony：What does he do?

Daming：You mean，what did he do? He was *the engineer of the famous railroad. It started in Beijing and it finished in Zhangjiakou.*

……

Tony：When did *Zhan Tianyou* die?

Lingling：……

II. Questions for help

1. Who is *Cenghis khan*?

2. What did he do?

3. Why was he successful?

4. When did he die?

（四）Output and conclusion

1. 学生利用已学课文内容以及给出的提示问句完成编写对话任务，从而能够应用本节课所学的句型和词汇，进而熟悉过去时的用法。

2. 学生在完成演示任务之后，能够熟悉有关成吉思汗的生平事迹，包括 name、ethnic groups、contribution 等方面的介绍。

T：OK，now we have finished the exercise for this part，and now do you know Cenghis Khan?

S：Yes.

T：And his nationality?

S：Mongol.

T：Mongol is one of the minorities in our country. Who knows how many ethnic groups there are in our motherland?

S：56.

T：Yes，that's right. The same number with our school，yes? You know China is great. In order to make it beautiful and powerful，many heroes from the whole nation，both han and minorities appear. I'd like you to find more after class and share what you learn with us.

五、教学反思

本教学环节是在学生学习了 unit 1、unit 2 中所学句型及 Unit 3 中 around the world：past heroes 之后的语言输出课，目的在于拓展学生有关少数民族人物的知识，同时巩固和熟练过去时的用法。教师根据这一年龄的学生学习的特点和兴趣爱好、接受能力等选择了成吉思汗视频节选，调动了学生的学习兴趣，效果良好。

总体来说，本课设计合理，层层深入，由已学内容及句型结构入手，从个体学习，到小组合作，到实践应用，最后到语言输出，完全符合学生的认知规律。课堂中，大部分学生能够模仿已学句型编写对话。听力材料虽然相对较难，但由于学生对杨利伟的简介相对熟悉，于是通过任务表格来自己学习 unit 2 的内容，又因为教师在表格中给了相应的提示，所以学生在对重点信息的选择提取方面比较顺利，达到了预期效果。

学生在学习及练习过程中了解了中国少数民族及相关人物在英文中的表达，在原有中文知识的背景支持下，激发了学生对少数民族英文介绍浓厚的兴趣。但因为原有储备不足，虽然兴趣浓厚，但英文表达时依然比较吃力。而这一问题的解决关键在于有意识地在以后的课堂中更多融入有关民族知识方面的内容，使学生逐步熟悉少数民族知识及其相应的英文表达。

六、教学资源

（1）http：//www. chinaculture. com.

（2）http：//www. baidu. co.

（3）http：//www. gotoxj. com/travel – xinjian.

（4）http：//www. truexinjiang. com.

（5）http：//www. Tibet. cn.

（教师）
笔记

（教师）
笔记

初三年级

Sporting Life

一、教材中的位置

本节采自《义务教育课程标准实验教科书·英语》九年级（下册），第十模块 Sporting Life，第 26～29 页。

二、民族团结教育切入点

本模块的中心话题是体育运动，具体涉及"校级篮球比赛"和"刘翔的训练历程"话题等。要求学生掌握表达观点的句式，如"I agree…"，"I don't agree…"，"I think…"，"It's true…"，学会描述个人成长经历以及表述自己的看法。

其中"校级篮球比赛"是学生比较感兴趣的话题，篮球也是学生们热爱的体育项目。"刘翔的训练历程"是以模拟题"月年鉴"的形式出现，从介绍刘翔获得奥运 110 米跨栏冠军后的生活开始，其中一句"刘翔非一夜成名"将话题转向他的成长和成名经历。而在体育界中，每一个运动员的成功都要经历一番艰苦的磨炼。

所以，本模块的"写作输出"任务设计为仿照"刘翔训练历程"，写一篇运动员巴特尔的介绍及评论。选择巴特尔是因为他的发展历程折射出了中国篮球的发展状况，同样也折射出了蒙古族的运动发展历程。通过这个任务的设计，学生不仅学会使用表达个人观点的句式用法，而且能够熟练使用"and"，"although"和"because"等连词描写运动员的训练生活，同时能够对蒙古族等少数民族运动员的非凡经历有所了解，从而增强对少数民族的认识。

三、教学目标

（1）使学生学习有关运动方面人物介绍的写法，以及学会表达自己观点和运用简单的连词。

（2）使学生能够仿照阅读材料——"刘翔训练历程"，根据所给的提示，运用表达个人观点的句式以及"and"，"though"和"because"等连词，自己写一篇介绍巴特尔的成长历程的短文和评论。

（3）使学生通过对巴特尔的了解，加深对蒙古族文化的认识和理解，增进对蒙古族体育明星以及蒙古族了解。

四、教学设计

（一）Lead in

Teacher：The topic of this unit is Sporting Life，and in all the sports，what do you like best?

Students：Running，Football，Basketball，High Jump，Swimming……

Teacher：When we talk about basketball，who do you think is the greatest basketball player in China?

Students：Yao Ming，Wang Zhizhi，Yi Jianlian，Sun Yue…

Teacher：Why do you think he is the greatest one?

Students：Because he plays basketball in NBA.

Teacher：I agree with you. But Yao Ming is not the first Chinese to play in NBA.

And he is not the first player from China to become an NBA starter. Do you know who is the starter from China in NBA?

Students：Maybe …

（*Show some pictures about Bateer.*）

（二）Speaking

Teacher：He is Mengke Bateer. What do you know about him?

（*Students may list something about him. After the students brainstorming，teacher show them a questionnaire.*）

Questionnaire：

Q1：What does Mengke mean in his native language? And what a-

（教师）
笔记

bout Bateer?

Q2: When and where was he born?

Q3: How tall is he now? And how tall was he when he was 9? How tall was he when he was 12?

Q4: When did he debut in the National Team?

Q5: When did he go to NBA? Why did he go to NBA? And which club did he join? What was his life like when he was there?

Q6: What did he do after he got the Championship Ring?

Q7: When did he come back to China? And why? Did he lose confidence?

Q8: Do you know what is MVP? Did Bateer win a MVP?

Q9: What do you think of Bateer? And why do you think so?

Q10: Except his basketball, what makes him famous?

(*Students answer them first, and then the teacher show them the answer.*)

Answer to the Questionaire:

Q1: Mengke means eternal. Bateer means Hero.

Q2: He was born in Nov. 1975 in Ordos City.

Q3: Now he is 210cm tall. When he was 9, he was 178cm tall. When he was 12, he was 189cm tall.

Q4: When he was 19, he debuted in the National Team.

Q5: In 1999, when he was 24, he was invited to play in a pre-draft tournament held in Phoenix. In 2001, when he was 26, he took part in Denver Nuggets preseason training camp. But he was cut after two preseason games. And then he was asked to play the remaining 27 games for Nuggets when they needed them. Luckily, on the second game, he was placed as a starter. He was the first player from China to become an NBA and the second to play in the league.

In 2002, he was traded to Spurs. There, he got his championship ring. And he was the first player from Asia to get the ring.

Q6: He went on playing for some other clubs in NBA.

Q7: In 2005, he rejoined Beijing Ducks.

Q8: MVP means most valuable player. In Feb. 2005, he was named MVP of the 2005 CBA All-star Game. And in 2011, he was named MVP too as a member of Xingjiang Guanghui.

Q9：Differs.

I think he is strong willed because he never lost confidence even when he was cut from the club. It's true that he is good at playing basketball because when he was 9，he was chosen to play basketball. *I agree that* he is tolerant because he still played for Nuggets even when he was cut before that. *I think* he is a hero because he let more people know more about China and about his nationality.

Q10：He is also an actor.

（三）writing

（*According to the questionaire*，*write an introduction of Bateer with 60 words*）

Requirements：

1. First Sentence should be your argument，for example：I think，I agree that，It's true that…

2. You should use AND ALTHOUGH and BECAUSE to list your basis of your argument.

（四）Homework

Make a poster of Bateer according to your introduction.

五、教学反思

本节课是在学生完成本单元 L1 和 L2 的基础上所做的拓展训练，目的在于拓展学生的民族知识，核查、巩固其对体育比赛尤其是对体育明星的成长经历进行英文介绍的表达能力；同时教会学生运用表达个人观点的句式及一些连词写出观点明确的介绍文章。学生在教师的指引下逐步达到写作的目标，效果良好。

本节课的输入训练环节和输出练习环节比较统一。各个环节的设计是层层递进的关系，对学生的能力要求也逐级提升，这样比较符合这一年龄段学生的心理和学习能力，因此每个学生都有所收获。

学生在头脑风暴学习方法实践过程中，了解了蒙古族的文化精神，也了解了蒙古族篮球运动员巴特尔的成长经历及成就。在原有知识储备的基础上增加了新的知识积累，同时也引发学生对其他少数民族运动员的浓厚兴趣。在此基础上，增进了学生对少数民族的进一步了解。

六、教学资源

（1）http：//news. 163. com.

（2）http：//sports. sina. com.

（3）http：//www. google. com.

（4）http：//www. shamsports. com.

（5）http：//hoopedia. nba. com.

Population

一、教材中的位置

本节采自《义务教育课程标准实验教科书·英语》九年级（上册），第十一模块 Population，第 88～95 页。

二、民族团结教育切入点

本模块以人口为主题，围绕中国城市人口和世界人口所遇到的问题，谈论了人口过剩、水资源短缺等问题以及由此产生的后果。中国是一个人口大国，目前人口数量已达 13.3 亿，汉族人口 12.2亿，占总人口数量的 91%；而各少数民族人口共为 1.1 亿，占总人口数量的 8.4%（2010 年数据）。

本节课通过对比中国各大城市和少数民族聚居地区的人口，增强学生对少数民族地区人文和地理知识的认识，同时使学生获得听说"大数字"的能力。

三、教学目标

（1）使学生了解我国各少数民族聚居地的自然风光、人文景观以及少数民族人们的生活环境。

（2）使学生能够听懂并说出文章中出现的"大数字"。

（3）使学生综合运用本课单词和"大数字"对少数民族人口状况进行描述，增强学生对少数民族的认识，加深学生对少数民族地区的了解和对少数民族的热爱。

四、教学设计

（一）Leading in

1. Match：展示四张图片，图片内容分别为"北京、西藏、新疆、云南"；同时，给出描述四张图片环境的相关词汇，让学生将词汇归类到合适的图片之下，然后进行描述。而词汇中包括今天要学习的新单词如 crowd，increase，noise，pollution，smoke，traffic，transport…

Teacher：Boys and girls, here are four pictures. Could you tell me where they are.

Students：Beijing, Tibet, Xinjiang, Yunnan.

Teacher：Good. Here are some words to describe the four pictures. Your task is to match each picture to the proper words. You have five minutes to do it with your desk mate.

2. Q & A：对比图片中城市的环境，通过提问引导学生寻找人口压力可能对北京等城市环境造成何种影响，进而引入本课主题——人口问题。

Teacher：Which picture do you like? Why?

Students：Beijing, Yunnan…（*Here, different students may have different answers. I would encourage students who like Yunnan, Tibet, and Xinjiang to speak their reasons with the words in Match*）

Teacher：Could you tell me why don't you choose Beijing?

Students：Traffic problems, smoke, crowd, noise, …

Teacher：All these problems might have certain relationship to "Population". So what we will learn today is "the biggest city in China" which is about the population problem in China.

（二）Pre-reading

1. "大数字"的英文表达：以课本 Activity 2 中的大数字如 11000000 等为例，首先给学生讲解"大数字"的读法，并有针对性地练习其他几个数字的读法，如 13000000、15000000、27000000…为下一步的听力做好铺垫。

2. 学生听力练习，针对"大数字"进行听力练习。

Teacher：After we listen to the material, we can get Betty's unsuc-

（教师）笔记

cessful shopping is caused by "too many people". So next, let's see, how many problems might be caused by "population".

（三）Reading

1. 听力练习：为了进一步强化学生对"大数字"的敏感度，首先让学生进行 Activity 4 的听力练习，抓细节，听数字。

Teacher：let's do Activity 4. Firstly, two students a group get what we should listen to in the Activity（two students would translate the table together to know what they will learn in the listening materials）.

2. 阅读练习：将学生分为 4 人一组，分角色读 Activity3 的对话，讨论解决 Activity5 中的问题。

Teacher：Four people a group and choose a role in the dialogue and then, discuss to find the right answer of Activity 5.

（四）Post-reading

1. Match：重新展示导入环节的 3 幅图片（西藏、新疆、云南），然后给出分布在这 3 个地区的少数民族，让学生进行相应的匹配。

2. "大数字"练习：给出这些少数民族在各地的人口数量分布，让学生对数字进行强化练习。

表一　各地区少数民族人口分布情况

Province	National minority	Distribution	Population
Xinjiang	Uyghur nationality	新疆各地	882,350,000
Tibet	Tibetan nationality	西藏各地	242,720,000
Yunnan	Dai nationality	西双版纳（Xishuangbanna）	10,140,000
	Bai nationality	大理（Dali）	1,400,000
	Miao nationality	云南各地	89,570,000
	Yi nationality	云南各地	6,570,000

3. Group work：每组学生选择一个少数民族进行描述，内容要求包括：①Population；②Distribution；③Living environment of different nationalities。

（五）反馈与总结

1. 学生通过导入环节中运用新单词对 4 个城市环境和人口的描

述，以及 pre-reading，reading 环节中听、说"大数字"的练习，认知和操练了"大数字"的读法和用法。

2. 学生在 post-reading 中描述有关少数民族的小组活动中，综合运用本节课所涉及的新词汇和"大数字"用法，进一步内化了本节课的知识要点。

五、教学反思

导入环节中有关四地风景图片的描述，目的在于依托本节课的语境，输入新单词；同时学生及时地将新单词运用到实际的语境当中以加深和巩固学生对于新单词的印象。学生在教师创建的语境认知过程中，初步运用本课的新词汇，同时也初步认知了一些少数民族聚居地区的自然景观。

Pre－reading 和 reading 环节设置了听力和角色朗读的活动，目的在于使学生通过听说的练习，能够自己听、说本课的语法要点之————"大数字"读法和用法。这两个环节是逐层深入的关系，学生通过由简单的数到复杂的数，由"被动的听"到"主动的说"这样一个学习的过程，达到了听、说大数字的预期目标，为下一个环节的综合表达做好了铺垫。

Post－reading 环节设置的小组活动，目的在于让学生运用本节课的词汇和语法点来描述一个少数民族基本状况。这种描述分别从少数民族人口、分布以及居住环境展开，目的在于让学生更加了解少数民族，增强民族意识。

六、教学资源

（1）http：//www. chinapop. gov. cn

（2）http：//www. china. com. cn

（3）http：//www. google. com.

（4）http：//www. shamsports. com.

（5）http：//hoopedia. nba. com.

（教师）
笔记

物　理　篇

初一年级

汽化和液化

一、教材中的位置

本节采自《义务教育课程标准实验教科书·物理》八年级（上册），第四章《物态变化》，第三节《汽化和液化》，第二专题《蒸发》，第 85 页。

二、民族团结教育切入点

本节以介绍新疆少数民族地区的坎儿井为切入点，学习本节知识要点——液体的蒸发原理。同时使学生了解坎儿井的结构，了解坎儿井对于当地人民的重要意义，认识新疆少数民族先民的智慧。坎儿井是当地人民在长期生产和生活经验基础上发明的生存之道，也是人民智慧的结晶。

三、教学目标

1. 使学生了解坎儿井的结构以及当地的自然环境，理解新疆地区修坎儿井的环境因素。

2. 使学生了解液体蒸发原理，同时思考坎儿井减少蒸发的物理原理。

2. 增加学生对新疆地区环境的了解和当地先民智慧结晶的认知，激发学生的民族自尊心和自豪感，增强学生的民族团结意识。

四、教学设计

（一）引入

当地环境状况：新疆吐鲁番地区气候干燥、风沙大、日照强、水分易蒸发，于是新疆维吾尔族居民根据地域特征和气候特点，创造了一种叫"坎儿井"的引水工程。坎儿井自古以来为新疆农业的发展作出了重要的贡献。那么坎儿井是如何减少蒸发的呢？

（二）课堂教学实录

吐鲁番是我国著名的火洲，干旱少雨，滴水贵如油。全年平均降水量只有 16 毫米，但年蒸发量却有 3000 毫米以上，可称得上是中国的"干极"。当地灌溉只能依靠北面天山、西面喀拉乌成山的冰雪融水资源，但是这些雪山融水流出山后不久就因为干旱而消失在戈壁砾石之中了。在这种情况下，古代吐鲁番人利用盆地优势，把深层地下水逐渐变为浅层地下水，有效地防止了水量的强烈蒸发。

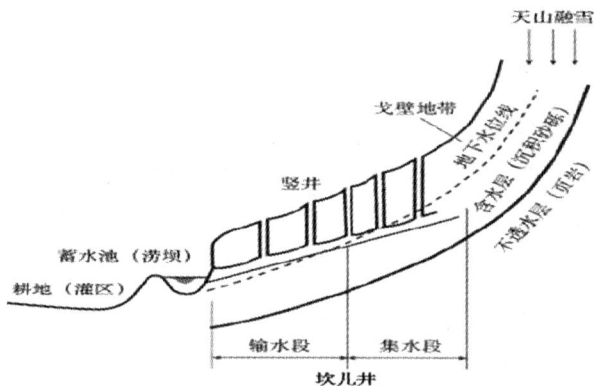

图10　坎儿井示意图

坎儿井的结构是由竖井、暗渠、明渠、涝坝（蓄水池）四部分组成，其水源是高山融雪经山麓透入砾石层里的伏流或潜水。然后经过人工以一定距离为间隔，打成一个个深浅不等的竖井；再依地势高低在井底修通暗渠，沟通各井，引水下流。地下渠道的出水口与地面渠道相连接，就可以把地下水引至地面，灌溉田地。正是因为有了这种独特的地下水利工程——坎儿井，把地下水引向地面，灌溉盆地数十万亩良田，才孕育了吐鲁番各族人民，使沙漠变成了绿洲。

竖井主要是为挖暗渠和维修时方便人出入及出土用的，一般都是愈向上游竖井愈深，间距愈长，最长间距约30～70米；愈往下游竖井愈浅，间距也愈短，最短间距约10～20米。竖井口长约1米，宽约0.7米。一条坎儿井，约有数十甚至上百座竖井。

暗渠是坎儿井的主体，高约1.6米，宽约0.7米。暗渠的出水口和地面的明渠连接，可以把几十米深处的地下水引到地面上来。这种自高向低的暗渠输水，不受季节、风沙影响，可以常年自流灌溉。吐鲁番盆地地势低洼，夏日气温经常在40℃以上，蒸发强烈，而坎儿井水全在暗渠里流淌，利用坎儿井这种暗渠引水，可以避免光照，降低水的温度，进而减少蒸发；同时暗渠的通风差，能使蒸发变慢，蒸发损失也就大大减少。

明渠就是暗渠出水口至农田之间的水渠。涝坝则是在暗渠出水口修建一个蓄水池，积蓄一定水量，然后灌溉农田。

坎儿井与万里长城、京杭大运河并称为中国古代三大工程，有人称之为"地下运河"。它是干旱区利用地下水资源的有效方式，是用暗渠引取地下潜流水进行自流灌溉的一种特殊水利工程。

吐鲁番盆地北有博格达山，西有喀拉乌成山，每当夏季大量融雪和雨水流向盆地，渗入戈壁，汇成潜流，为坎儿井提供了丰富的地下水源。吐鲁番土质为砂砾和黏土胶结，质地坚实，井壁及暗渠不易坍塌，这又为大量开挖坎儿井提供了良好的地质条件。

从天山脚下到艾丁湖畔，水平距离仅60千米，高差竟有1400多米，地面坡度平均约四十分之一，地下水的坡降与地面坡变相差不大，这就为开挖坎儿井提供了有利的地形条件。

坎儿井水一路流来，其中40%又还给了生态环境，而这些水恰恰是维持当地生态平衡所必需的。如果没有坎儿井水四季长流，吐鲁番盆地最低地——艾丁湖湖区就可能变成荒漠，会给周围的生态环境带来不可预计的后果。因此，坎儿井独特的构造特点决定了其利用价值。

五、教学反思

运用生活实例思考物理原理，生动地将课本知识运用到实际生活中。本节从坎儿井的结构特点出发，分析其如何减少水量蒸发损失，从而维持当地生态平衡。这样可以从实际实例出发，引发学生对这一物理现象的思考，能够更深入地理解"水分蒸发"的物理原理。

同时，本课关注了新疆地区的生存环境和古代遗迹的保护，增加了学生对新疆自然环境和人文环境的了解。

关于坎儿井还有许多可以讨论的问题，例如坎儿井现状、坎儿井迅速衰减的原因、坎儿井的利用与保护、坎儿井文化等，可以引导学生更深入地思考。

六、教学资源

（1）邓正新、胡居红：《吐鲁番盆地坎儿井的利用与保护探讨》，载《干旱环境监测》，第22卷，2008（3）。

（2）http：//www. baidu. com.

初二年级

民族乐器

一、教材中的位置

本节采自《义务教育课程标准实验教科书·物理》八年级（上册），第一章《声现象》，第一节《声音的产生与传播》，第12页。

二、民族团结教育切入点

本节从各民族的乐器出发，探讨和研究声音的产生和传播特点。其中亮点就是以少数民族乐器为激发学生兴趣的切入点，使学生了解声音产生的原理，同时也熟悉了各个民族的乐器及特点，增加了对少数民族文化的认识。

三、教学目标

（1）使学生了解声音产生的原理——由物体的振动产生的。

（2）使学生了解一些民族乐器的特点及发声原理。

（3）通过学习，锻炼学生初步的观察能力，了解初步思考和归纳问题的方法。

四、教学设计

（一）引入

播放一段曲调优美的音乐，提出问题：你知道这声音是从什么

样的乐器中发出，又是怎样产生的吗？（学生思考并讨论）

（教师）笔记

（二）分析不同的发声体如何发出声音

出示一些图片并介绍图片中各种乐器的名称

1. 吹奏乐器（以傣族的葫芦丝为例）

我国吹奏乐器的发音体大多为竹制或木制。根据其起振方法不同，可分为三类：

第一类，以气流进入管口，激起管柱振动的有箫、笛（曲笛和梆笛）、口笛等。

第二类，气流通过哨片吹入，使管柱振动的有唢呐、海笛、管子、双管和喉管等。

第三类，气流通过簧片，引起管柱振动的有笙、抱笙、排笙、巴乌、葫芦丝等。

吹奏乐器中典型乐器包括笙、芦笙、排笙、葫芦丝、笛、管子、巴乌、埙、唢呐、箫。

由于发音原理不同，乐器的种类和音色极为丰富多彩，个性极强。各种乐器的演奏技巧不同，且地区、民族、时代和演奏者的不同，使民族器乐中的吹奏乐器在长期发展过程中形成了极其丰富的演奏技巧，具有独特的演奏风格与流派。

2. 弹拨乐器（以维吾尔族的热瓦普为例）

弹拨乐器靠琴弦的振动发声，我国的弹拨乐器分横式与竖式两类：横式如筝（古筝和转调筝）、古琴、扬琴和独弦琴等；竖式如琵琶、阮、月琴、三弦、柳琴、冬不拉和扎木聂等。

弹奏乐器音色明亮、清脆。右手有戴假指甲与拨子两种弹奏方法。右手技巧得到较充分发挥，如弹、挑、滚、轮、勾、抹、扣、划、拂、分、摭、拍、提、摘等。右手技巧的丰富，又促进了左手的按、吟、撤、煞、绞、推、挽、伏、纵、起等技巧的发展。

弹奏乐器中典型乐器有琵琶、筝、扬琴、七弦琴（古琴）、冬不拉、阮、柳琴、三弦、月琴、弹布尔。

3. 打击乐器（以壮族、仡佬族的八音鼓为例）

打击乐器靠鼓面的振动发声，我国民族打击乐器品种多，技巧丰富，具有鲜明的民族风格。

打击乐器中典型乐器有壮族、仡佬族的八音鼓和陕西的腰鼓等。

4. 拉弦乐器（以蒙古族的马头琴为例）

拉弦乐器主要指胡琴类乐器。其历史虽然比其他民族乐器较短，但由于发音优美，有极丰富的表现力，有很高的演奏技巧和艺术水平，因此拉弦乐器被广泛使用于独奏、重奏、合奏与伴奏。拉弦乐器大多为两弦，少数用四弦，如四胡、革胡、艾捷克等。大多数琴筒用蛇皮、蟒皮、羊皮等，少数用木板如椰胡、板胡等。拉弦乐器音色有的优雅、柔和，有的清晰、明亮，有的刚劲、欢快、富于歌唱性。

拉弦乐器中典型乐器：二胡、马头琴、板胡等。

（教师）
笔记

图11　各种乐器

五、教学反思

虽然每天都能听到各种各样的声音，但对于初次接触声音原理的中学生来说，要想了解美妙声音的发声原理，并非易事。尤其是如此无形的声音，要想了解其原理，就要通过实例讲解，再配合实图说明，自然生动、逼真。

通过本节的学习，在了解声音产生和传播的原理过程中，也锻炼了学生观察和思考生活中常见现象的能力，激发了学生观察和热爱生活、运用所学知识走进生活和发现生活的兴趣。

同时，通过学习也可以使学生认识和了解许多少数民族的乐器，对少数民族的音乐有了更多的了解，增加民族间的了解和互溶，也增强了学生保护民族文化的责任感。

六、教学资源

（1）百度：http：//www.baidu.com

（2）中国音乐史：http：//www.minzuyinyueshi.com

（教师）
笔记

初三年级

液体的沸点与大气压强的关系

一、教材中的位置

本节采自《义务教育课程标准实验教科书·物理》八年级（上册），第四章《物态变化》，第三节《汽化和液化》，第三专题《科学世界》，第88页。

二、民族团结教育切入点

本节以我国青藏高原这样高海拔地区的生活常识为切入点，探讨水的沸点在不同海拔地区的变化。使学生了解液体沸点与大气压的关系，以及因此给人类生活生产带来的影响；了解青藏高原地区人们生活环境，引起学生对青藏高原以及在那里生活的人们的更多关注，加深民族感情和对藏族人们的热爱。

三、教学目标

（1）使学生了解不同地区的海拔不同，海拔不同的地方大气压强也不同。

（2）使学生了解液体沸点与大所压的关系及对人类生产生活的影响。

（3）使学生了解青藏高原上的生活环境，增进对藏族同胞的感情。

四、教学设计

（一）设计思路

由于学生对沸点与气压的关系缺乏生活体验，而且对生产生活的实例了解也较少，所以这节课可以适当设计实验和介绍一些实例来增加学生对沸点与大气压关系的理解。

（教师）
笔记

（二）课堂教学实录

本课主要通过带领同学们做实验来完成。

1. 实验器材

铁架台、烧瓶、温度计、不带孔的橡胶塞、酒精灯、真空抽气泵、适量的水。

2. 实验步骤

（1）把实验器材按原理图组装起来。

（2）打开抽气泵，抽取部分烧瓶中水上方的气体，使水上方气压降低。

（3）保持气泵工作，用酒精灯给烧瓶中的水加热直到水沸腾。

提问：有谁被沸水烫过？（说出当时的感受）

结论：沸水很烫。

提问：有的同学没有这种经历，谁有勇气上来感受一下？

结论：并没有烫手（很意外）。

实验操作提示：不要让学生看到气泵；记下此时的温度计的示数。

（4）关闭气泵，继续加热，发现原来的沸水反而不再沸腾了，过一会又重新沸腾，再过一小会儿，记录下一个温度值，发现会高于100℃。

提问：为什么会出现上述步骤（4）中的现象呢？

3. 实验操作提示

（1）实验后提醒学生，通常生活中的沸水温度还是很高的，不要轻易去试。

（2）上述步骤中沸腾之后加热时间不能太长，否则烧瓶会有炸裂的危险。

4. 实验结论

实验表明，一切液体的沸点，都是气压减小时降低，气压增大时升高。同种液体的沸点不是固定不变的。因此说水的沸点是100℃必须强调是在标准大气压下。

由于气压随高度减小，所以水的沸点随高度降低，例如海拔1000米处水沸点约97℃，3千米处约91℃，海拔6千米处约为80℃，在海拔8848米的珠穆朗玛峰顶，水在72℃就可以沸腾。在几万米的高空，水的沸点居然会低到11℃～18℃，那里"开水"的温度，可以比地面上冷水的温度还要低。大约高度每升高1000米，水的沸点下降3℃。因此，在高山会出现许多怪现象："开水"不烫手、鸡蛋煮不熟、开水不能消毒等。

按照同样的道理，在比地面低得多的矿井底部，大气压强比地面上大，我们可以得到更为烫手的开水。例如，在地下300米深的矿井里，水的沸点达到101℃。

正是因为这样，很多地质工作者和登山运动员在高原、高山上必带的一件东西就是高压锅，用它来解决因海拔升高、气压下降，导致水沸点低而煮不熟食物的状况。高压锅锅内气压可以高于标准大气压，使水沸点高于100℃，不但饭熟得快，还可以节省燃料。

（三）课下作业

我国的青藏高原，平均海拔4000多米，生活着藏族、回族、汉族、哈萨克族、土族、珞巴族、门巴族、蒙古族、撒拉族等多个民族，试从高原水的沸点较低对人们饮食习惯的影响角度，通过网络等途径调查高原地区饮食习惯有什么特点。

五、教学反思

通过演示实验和介绍不同海拔水的沸点不同对人们生产生活造成的影响，使学生对"液体沸点与气压的关系"理解更透彻，印象更深刻，对物理在生活中的应用有更深的认识。同时通过调查，同学们对不同民族的饮食文化也会有一定的了解。

（教师）笔记

六、教学资源

（1）http//www. baidu. com

（2）http：//www. china. com. cn

（3）http：//www. google. com.

（4）http：//www. shamsports. com.

（5）http：//hoopedia. nba. com.

（教师）
笔记

化　学　篇

初一年级

金属资源的利用和保护

一、教材中的位置

本节采自于《义务教育课程标准实验教科书·化学》九年级（下册），第八单元《金属及金属材料》，课题三《金属资源的利用和保护》，第一课时《金属资源》，必修课，第15页。

二、民族团结教育切入点

我国少数民族地区的金属矿产资源储量丰富、种类多样，为我国宝贵的资源财富。因此对少数民族地区的金属矿产的开采、冶炼和保护成为国家的重要课题之一。

本节以少数民族地区的金属矿产为切入点，介绍一些常见的金属如铁、铝等以及它们的化学性质，使学生了解铁的还原过程和其中的化学反应。同时，金属制品的冶炼需要各民族之间的互相合作，更需要我国少数民族地区的硬件设施的改善和科技进步。

三、教学目标

1. 知识与技能

熟知一些常见金属如铁、铝、铜等及其化学性质，了解从铁矿石中还原铁的方法。

2. 过程与方法

通过对铁冶炼过程的学习，初步了解工业生产的一般过程，为科学探究打下坚实的基础。

3. 情感态度与价值观

进一步认识到我国辽阔的地域上矿产资源的分布。深刻体会各民族的团结合作，能够使我国各族人民生活幸福安康。激发学生投身祖国建设，为祖国建设奉献个人力量的热情。

（教师）
笔记

四、教学设计

（一）引言

我国矿产丰富，尤其是金属矿产的分布地域广泛。教师简要介绍主要金属矿产分布，从而总结出少数民族地区金属矿产更为丰富、金属器具繁多的特点，说明各民族都在为祖国的建设贡献力量。

（二）导入正课

播放金属冶炼的视频，学生联系实际提出问题，共同讨论实际生产与理论学习的区别与联系。

（三）课程反思

使学生了解少数民族地区科技的发展，联系到自己的生活实际，认识到民族团结的重要性，进而升华学生的爱国主义热情和民族团结意识。可以通过学生个体展示，也可以小组讨论展示。

（四）教案展示

教学课题：第八单元《金属及金属材料》，课题三《金属资源的利用和保护》，第一课时《金属资源》
教学方法：实验展示法、提问引导法、小组讨论法
教学重点：铁的冶炼、锈蚀
教学难点：金属资源的保护
教学用具：多媒体，实验器材
教学过程

续表

教学环节	教师活动	学生活动	设计意图
引入	1. 展示中国矿产分布图，引导学生观察少数民族地区矿藏分布特点。 2. 播放视频——铁的冶炼过程。	1. 归纳少数民族的金属制品种类及分布情况。 2. 小组讨论视频中铁的冶炼过程。 3. 总结工厂生产的基本流程。	展示中国矿产分布图（中国幅员辽阔，矿产丰富）。
新授课	多数金属的化学性质比较活泼，不易稳定存在，因此大多以化合物形式存在。以铁矿石为例思考和讨论，如何把其中的金属还原。	1. 观察、分析金属矿分布特点，发现少数民族地区金属矿场很多，规模很大，金属制品丰富。 2. 仔细观察，分析原理。	1. 惊叹于科学的进步，深思于科学的探究。 2. 意识到民族团结的重要性。
作业	通过本节课的学习，并结合自己已有的知识，总结铁的冶炼、锈蚀过程，讨论铁的资源保护问题，并写出自己的体会。	思考问答……	激发学生的学习热情，为将来参与祖国建设打下良好的基础……

（教师）
笔记

五、教学反思

本单元通过让学生自己观察我国少数民族地区的金属矿产的分布图，自己总结其分布特点，不仅激发了学生的学习热情，鼓励学生自主思考，同时也体会到了少数民族地区对于国家发展的重要性，从而更加关注和重视我国少数民族地区的发展。

通过视频播放活动，不仅成功导入本节课新课，使学生以一种积极有趣的心态开始接受新知识。而且视频中工厂生产的真实过程也让学生了解了金属冶炼的一般过程，使其能够将课堂所学与生活实践相结合。

同时，本节对少数民族地区金属矿产分布的学习，使学生对少数民族地区的情况有了更加深入的了解，增加了民族间的了解和彼此的感情。

六、教学资源

(一) 可参考的视频资源

(1) 中国的矿产资源:

http://v. youku. com/v_ show/id_ XMTE0NDcxNTY0. html

(2) 西江千户苗寨的银器和苗王的鼓藏头:

http://v. 163. com/video/2010/4/0/C/V62LAMH0C. html#sd = V62LAMH0C&ld = V5SRUVJLM&nvp = v. 163. com/video/2010/4/0/ C/V62LAMH0C

(3) 铁的性质用途、冶铁:

http://v. youku. com/v_ show/id_ XMTY5OTM3MTI4. html

(4) 阿舍勒铜矿:

http://tv. people. com. cn/GB/150716/156859/157038/12673923. html

(二) 可参考的文字资源

(1) 我国少数民族地区矿产资源分布资料:

http://www. seac. gov. cn/gjmw/wtjd/2004 − 07 − 08/116917009 0498722. htm

(2) 合理利用和开发少数民族地区矿产资源方案:

http://news. sohu. com/20070313/n248681724. shtml

初二年级

生活中常见的盐——氯化钠

一、教材中的位置

本节采自《义务教育课程标准实验教科书·化学》九年级（下册），第十一单元《盐、化肥》，课题一《生活中常见的盐》，第二课时《粗盐提纯》，必修课，第69页。

二、民族团结教育切入点

本单元以边疆地区的主要盐场为主题，通过简要介绍盐场中提纯粗盐的大致过程，使学生了解制盐的大致过程，同时也体验了工厂生产的一般流程，为以后的科学研究打下坚实基础。而且通过本节对边疆地区物产分布情况的介绍，使学生了解边疆地区丰富的物产，增加对边疆少数民族地区的了解，也坚定了学生今后为边疆地区科技发展做出自己贡献的决心。

三、教学目标

1. 知识与技能
了解制盐的过程，掌握粗盐的提纯流程。
2. 过程与方法
通过对制盐过程的了解，体验工业生产的一般过程，为科学探究打下坚实的基础。
3. 情感态度与价值观
进一步了解祖国地域辽阔，物产丰富。使学生了解边疆地区丰富的物产，增加对边疆少数民族地区的了解，也坚定了学生今后为边疆地区的科技发展做出自己贡献的决心和对边疆地区的热爱。

四、教学设计

（一）引言

我国物产丰富，盐场的分布广泛。教师首先简略介绍各个盐场的分布情况，从中总结出边疆地区产盐能力很强的特点，说明各民族都在为祖国的建设贡献力量。

（二）导入正课

播放制盐的视频，学生联系实际提出问题，共同讨论实际生产与理论学习的区别与联系。

（三）课程反思

使学生了解边疆盐场科技的发展，联系到自己的生活实际，认识到民族团结的重要性。这一学习过程可以通过学生个体展示，也可以小组讨论展示。

（四）教案展示

教学课题：第十一单元《盐、化肥》，课题一《生活中常见的盐》，粗盐提纯
教学方法：实验展示法、提问引导法、小组讨论法
教学重点：粗盐的制备过程与提纯
教学难点：粗盐的制备过程与提纯
教学用具：多媒体，实验器材
教学过程

续表

教学环节	教师活动	学生活动	设计意图
引入	1. 展示中国盐场分布图，引导学生观察边疆少数民族地区盐场分布特点。 2. 播放视频——盐场的制盐过程。 提问：这些盐都运往什么地方？	1. 归纳少数民族地区盐场分布情况及特点。 2. 小组讨论视频中制盐过程。 3. 总结工厂生产的基本流程。	展示中国幅员辽阔，物产丰富。
新授课	制盐的过程分为多步，而对于我们而言只有粗盐和精盐，通过我们刚才的观察，你能否提出更好的制盐和提纯方法？ ……	1. 观察、分析盐场分布特点：发现边疆地区盐场很多，规模很大。 2. 仔细观察，分析原理。	1. 惊叹于科学的进步，深思于科学的探究。 2. 意识到民族团结的重要性。
作业	通过本节课的学习，并结合自己已有的知识积累，总结从盐的富集到我们买到的精盐的工业流程，并写出自己的体会。	思考问答 ……	激发学生学习热情，为将来为边疆建设做贡献打下良好的基础 ……

（教师）笔记

五、教学反思

本单元通过让学生自己观察我国少数民族地区盐场的分布图，自己总结其分布特点，不仅激发了学生的学习热情，鼓励学生自发思考，同时也体会到了少数民族地区对于国家发展的重要性，从而更加关注和重视我国少数民族地区的发展。

通过视频播放活动，不仅成功导入本节新课，使学生以一种积极、有趣的心态开始接受本节的新知识，而且视频中工厂生产的真实过程也让学生了解了粗盐提纯的一般过程，能够将课堂所学与生活实践结合。

同时，本节对少数民族地区制盐过程的学习，使学生对少数民族地区的情况有了更深入的了解，增进了民族间的了解和彼此的感情。

（教师）
笔记

六、教学资源

（一）可参考的视频资源

（1）《食盐资源与利用》

http：//www. tudou. com/programs/view/Aje9fBX8O8Y

（2）《原来如此，食盐不可少》

http：//v. youku. com/v_ show/id_ XMTIzMTIzODU2. html

（3）《从海水中提取食盐（海盐）》

http：//v. ku6. com/special/show_ 3615805/3pIX8GO5 - rrJCDrM. html

（4）《食盐》

http：//www. tudou. com/programs/view/X8mpqvnmUr0

（5）《制取食盐晶体》

http：//www. tudou. com/programs/view/k02fdvaavxQ

（二）可参考的文字资源

（1）全国主要省（区）盐资源分布详解：

http：//www. chinakyxx. com/minepai9. asp？id＝5360

（2）中国的盐场：

http：//www. 21gwy. com/wz/2201/a/1286/471286. html

初三年级

燃料和热量

一、教材中的位置

本节采自《义务教育课程标准实验教科书·化学》九年级（上册），第七单元《燃料及其利用》，课题二《燃料和热量》，第131页。

二、民族团结教育切入点

石油、煤炭、天然气是社会经济发展的主要能源。它们的产地主要在我国的西北、西南地区，这些地区也是我国少数民族主要聚集区。中央制定"西部大开发"计划，其中一项重要的内容就是以能源开发带动当地经济发展，提高人民生活质量提高，同时又促进东部地区的更大发展，使中国走在世界的前列。

本节正是以少数民族地区能源为切入点，学习石油的特点和用途，强调化石燃料的不可再生特性，以增强学生节约资源的意识，也了解"西部大开发"战略的重要性，为民族地区贡献自己的一份力量。

三、教学目标

1. 知识与技能

（1）使学生了解人类重要的自然资源——化石燃料对人类生活的重要作用，了解化石燃料不可再生的特性。

（2）使学生知道石油、煤等资源炼制出的几种主要产品及其用途。

（3）使学生对新能源的开发、利用有所思考。

2. 过程与方法

（1）学会运用自主阅读、学习和以思考、讨论的方法来获取信息。

（2）学会利用科教资料或影视素材学习新的知识，明白化石燃料是经过数百万年甚至上亿年的演变而形成的，强调化石燃料的不可再生性。用一些图片展示煤和石油的成分及用途。

3. 情感态度与价值观

（1）通过搜集资料的过程，使学生学会自主学习，增强学生的成就感和自信心。

（2）通过化石燃料产地的了解，认识少数民族地区对祖国建设与发展的重要意义，认识少数民族地区群众对社会主义现代化建设的巨大贡献，体会民族团结对国家的稳定与发展的重要性。

（3）了解化石燃料的不可再生性，认识合理开采和节约使用化石燃料的重要性，增强节约能源的意识。

四、教学设计

（一）引言

能源的开发和利用水平的高低可以用来衡量一个国家或地区的经济发展水平和科学技术水平，它是国民经济和社会发展重要的物质基础。目前采用的能源主要是"化石燃料"，包括煤炭、石油、天然气。同学们，你们知道这些物质有什么用途吗？在我国，它们的主要产地是哪里？储量有多少？这些地区分布着哪些民族？

（二）导入正课

通过学生的课前准备、查阅资料、相互交流后，课堂上组织学生进行展示、评价。使学生了解化石燃料的主要产地以及储量，增强民族自豪感。同时，了解能源产地的少数民族的分布，使学生体会少数民族地区的人民对祖国发展所做的巨大贡献。在此基础上，进行煤、天然气、石油的元素组成、成分、再加工过程的学习，通过实例认识煤、天然气、石油等能源对社会经济生活的重要作用。

（三）课程反思

石油、煤炭、天然气是重要的能源和化工原料，通过学生的自学、交流，教师的讲解，帮助学生认识这些能源的开发和利用对社会的发展和进步、人民生活质量的提高有着至关重要的作用。

能源产地主要在我国的西部省份，多为少数民族聚居区。搞好民族团结，互帮互助，通过西部能源开发，带动当地经济、科技的发展，进而提高当地人民生活质量。同时又促进了东部发达地区走向更高水平的发展。通过此次课程的学习，帮助学生认识到国家的发展离不开能源的开发和利用，更离不开各民族间的和睦相处，这也是社会发展、进步的基础。

（教师）
笔记

（四）教学过程

教学环节	教师活动	学生活动	设计意图
引入	1. 生活中，能燃烧的物质有许多，包括早期的柴草以及后来的煤、石油和天然气。今天，出现了许许多多的新型燃料。你了解生活和生产中常用的燃料吗？ 2. 在我国煤、石油、天然气主要产地分布在哪些地区？储量有多少？这些地区分布着哪些民族？组织学生查阅资料，相互交流，归纳总结。	【学生讨论】 1. 日常生活中，比如做饭、洗澡等使用的燃料有哪些？ 2. 汽车、飞机、轮船、火车等交通工具分别使用什么燃料？ 3. 炼钢厂、热电厂等使用什么燃料？	1. 创设情境，提出问题，导入新课。 2. 从学生已有的经验出发，引起学生学习化学的兴趣。
新授课	刚才同学们回答了很多自己熟悉的燃料，其中有很多就是我们本课要重点学习的化石燃料。 请同学们拿出课前调查收集整理的资料。 【课件链接】 1. 观看有关煤、石油、天然气形成以及综合利用的视频。 2. 对少数民族的历史、特色等内容的介绍。 3. 能源对社会经济发展的重要作用。	交流各自收集到的调查材料。	使学生结合课本了解化石燃料的种类、形成过程、特点。

续表

（教师）笔记

教学环节	教师活动	学生活动	设计意图
新授课	【教师总结】 1. 对化石燃料名称中"化石"含义的理解：煤、石油、天然气都是由古代生物的遗骸经过几亿年复杂的变化而形成的，所以被称为化石燃料，它们是不可再生的。 2. 煤、石油、天然气的产地主要位于我国西部地区，这些地区是我国蒙古族、维吾尔族、汉族、鄂温克族、朝鲜族等少数民族的主要聚集区。你认为民族团结对社会发展有哪些重要作用？	1. 学生记录笔记。 2. 学生发言、交流。	1. 通过直观的了解，加深对化石燃料的认识，进一步激发学生认识世界的热情，增强爱国主义精神。 2. 充分认识民族团结的重要性。 3. 将化学与生活实际联系起来，启发学生质疑、思考。
总结	1. 煤、石油和天然气是不可再生的自然资源。 2. 煤、石油和天然气都是混合物。 3. 煤、石油和天然气组成元素以碳、氢为主。	认识到煤、石油直接作燃料烧掉是非常浪费资源的，而且还会对环境产生污染。	1. 启发学生要珍惜化石燃料，增强能源危机感。 2. 正确认识我们生活中的能源，增强学生社会责任感和危机意识。 3. 联系生产、生活实际拓展学生的知识面。

（五）板书设计

1. 化石燃料

（1）世界重要的三种化石燃料：煤、石油和天然气。

（2）煤被称为"工业的粮食"，石油被称为"工业的血液"。

（3）煤、石油和天然气都是混合物，天然气的主要成分是甲烷（CH_4）。

2. 综合利用

（1）煤 $\xrightarrow{\text{隔绝空气强热}}$ 焦炭——冶炼金属等

　　　　　　　　　煤焦油——化工原料

　　　　　　　　　焦炉气——燃料等

　　　　　　　　　粗氨水——化肥等

（2）石油 $\xrightarrow[\text{加热}]{\text{各成分的沸点不同}}$ 溶剂油、汽油、航空煤油、柴油、润滑油、石蜡、沥青等

（3）天然气——主要作燃料

3. 其他能源

发展氢能源、太阳能、核能、风能、地热能和潮汐能等新能源。

（教师）笔记

五、教学反思

本课内容丰富，充分调动了学生学习化学的兴趣，放手让学生自主找材料、自主讨论、自主思考问题，真正做到以学生为课堂主角，做到激发学生自主学习的意识。

本课结合实例，运用视频、图片、文字材料等辅助材料和设施，采取多种教学方法，如问题引导法、小组讨论法、表格填写法、创设情境法等，尽可能地展示平常生活中常用但不常感觉到的能源，教授学生化石燃料的提取和分解过程，增加了学生的化学知识，也调动了学生学习化学的兴趣。

本课还引入少数民族地区化石能源分布图，介绍当地的能源储备，让学生更加关注西部地区，增加其对少数民族的了解，激发学生将来从事西部开发和新能源开发工作的热情。

六、教学资源

（一）可参考的视频资源

1. 石油、天然气、煤炭的形成：

（1）http：//www. 56. com/u11/v_ MTkzMjk0NDc. html

（2）http：//v. youku. com/v_ show/id_ XMTM1NzQ2MTE2. html

（3）http：//video. sina. com. cn/v/b/17612701 – 1043961532. html

2. 西部多民族发展：

http：//bugu. cntv. cn/news/C19291/classpage/video/2010 05 25 /100117. shtml

3. 煤的综合利用：

http：//v. youku. com/v_ show/id_ XODQyMzc4NDg =. html

4. 维吾尔族的历史：

http：//v. youku. com/v_ show/id_ XMjE3OTY0OTA4. html

5. 蒙古族的历史：

http：//v. youku. com/v_ show/id_ XMjE3OTY5ODY0. html

（二）可参考的文字、图片资源

1. 中国的石油

http：//www. xinhuanet. com/chinanews/2008 − 01/16/content_
12 236194. htm

2. 中国石油分布情况

网址：http：//www. nacec. com. cn/knowleage/hyym/sh/713288. shtml

爱护水资源

一、教材中的位置

本节采自《义务教育课程标准实验教科书·化学》九年级（上册），第三单元《自然界的水》，课题四《爱护水资源》，第59页。

二、民族团结教育切入点

没有水就没有生命，就没有人类文明和进步。本单元通过了解世界和我国的水资源状况，明确目前我国丰富的水储量与有限的淡水量这一现实情况，突出我国水资源分布不均，大部分城市用水紧张的现状，认识水对于人类生存和发展的重要意义。通过本单元对水资源的学习，强化学生爱水、节约用水意识。

三、教学目标

1. 知识与技能

了解世界和我国的水资源状况、我国少数民族地区淡水资源分布情况，认识水对于人类生存和发展的重要意义。

2. 过程与方法

学习通过视频、数字和图表等获取和整理信息，学会与同学合作交流。

3. 情感态度与价值观

树立保护水资源、珍惜水资源、节约用水的责任意识，增强民族团结意识。

四、教学设计

(一) 教学过程

教学环节	教师活动	学生活动	设计意图
引入	视频：傣族泼水节 【过渡】一切生命活动都起源于水。人体内的水分大约占到体重的65%，连坚硬的骨骼里也含水22%。设想，如果缺了水，我们的生活将会怎样，世界又会变成什么样呢？请你谈谈水有哪些作用呢？	1. 随着音乐的气氛感受少数民族的风土人情。 2. 学生畅谈水在工农业生产、人类生活中的作用。 3. 学生分组讨论。	调动学生的情绪，体会水带给人们的美好祝福。 从学生的已有经验出发，发挥学生的学习主动性。 唤起学生对水的重要性的认识。
讨论了解水资源概况	图片展示：罗布泊因缺水"绿洲变沙漠"；楼兰古国因河流断流而消失；宁夏盐田县土地龟裂，地上没有草，羊上树，到5公里外的地方抬水喝…… 【设问一】在地球上，与我们息息相关的水资源储备情况怎样呢？我国的水资源是怎样的？我国是缺水的国家吗？我们所居住城市的水资源总量又是多少呢？	1. 地球表面约71%被水覆盖，总储量为1.39×10^{18}立方米，水资源丰富。 2. 海洋是地球上最大的储水库，占总储水量的96.5%，其中含量最多的是氧元素。 3. 我国水资源总量居世界第六位，但人均水量只居世界八十几位，约为世界人均水量的四分之一。 4. 淡水占全球水储量的2.53%，但可利用的淡水不到1%。	通过强烈的视觉震撼感受到失去了水，生命也就失去了意义，引发学生思考。

续表

（教师）笔记

教学环节	教师活动	学生活动	设计意图
	查看课本 60 页图 3 - 27、图 3 - 28，了解世界、中国及中国各地区人均水量情况，看到这些数据。说一说你有什么想法？ 【设问】你相信吗？北京缺水程度与地处沙漠的以色列一样。 北京水资源有 36～40 亿立方米，人均不足 300 立方米，是全国人均量的 1/8，是世界人均量的 1/30。地处半沙漠的以色列人均水资源仅有 285 立方米，每年有 8 个月需要灌溉，而水源仅够满足其 1/5 用量。	阅读教材后分组讨论、交流，对"水资源丰富又短缺"的认识。 由图表说明： 1. 我国大部分地区处于缺水状况。 2. 人均水量在 3000 立方米以上的地区有西藏、青海、云南、新疆等。 3. 我国极度缺水的地区有天津、宁夏、上海、北京等。 4. 水资源分布不均匀。因此，我国缺水状况严峻，目前我国农业灌溉每年平均缺水 300 多亿立方米，农村还有 3000 多万人饮水困难。全国有 400 多个城市缺水，缺水比较严重的城市有 110 多个，每年因为缺水影响工农业产值 2000 亿元以上，影响城市人口约 4000 万人。	让学生通过一系列真实数据，强烈地感受到水资源的匮乏，产生强烈的水危机意识。 使同学们了解我国水资源的基本情况，逐步认识到节约用水的重要性，强化各民族人民团结一心，相互支持，相互帮助，才能共同发展进步。
保护水资源	【讲述】 现代工业和农业的发展，使得本来就很有限的淡水资源面临短缺的危机。同时自然水系还受到来自工业排污的严重污染。水的污染成为当今世界最严重的社会问题之一。请同学们结合教材，自己归纳总结工业、农业、人类生活三方面对水源造成的污染，并讨论分析带来的危害。	分组讨论、交流节约用水和防治水体污染的认识。 水体污染源： 1. 工业污染：工厂的"三废"（废气、废渣、废液）倒入江河、地下，污染江河和地下水。 2. 农业污染：农药、化肥的不合理使用，也易造成水的污染。 3. 生活污染：生活污水及生活垃圾的任意排放，造成水的污染。 4. 其他污染。	通过观看水污染视频，使学生感受到，日趋严重的水污染不仅降低了水体的使用功能，进一步加剧了水资源短缺的矛盾，而且还严重威胁到城市居民的饮水安全和健康。缺水和污水已危及到我们每一个人。

续表

教学环节	教师活动	学生活动	设计意图
	爱护水资源 1. 爱护水资源 （1）节约用水，科学用水。 （2）防止水污染。 2. 改善水资源分布不均 （1）兴修水库。 （2）南水北调。	水体污染不仅影响工农业、渔业生产，破坏水生生态系统，还会直接危害人体健康。 **小组汇报** 1. 节约用水从我做起 （1）农业和园林浇灌改大水漫灌为喷灌、滴灌，分别可节水 40% 和 70% 以上。 （2）如果全国工业用水平均重复利用率从 20% 提高到 40%，每天可节水 1.39×10^7 吨。 （3）充分利用生活中的水。 2. 防止水体污染	内容源自课本，但又超出教材的范围，因为改善水资源分布不均的措施在我国已作为国家重点工程。通过图片了解南水北调的线路及工程意义。增强对自然和社会的责任感。
课题总结	水是人类赖以生存和发展的珍贵资源。随着人口的增长和经济的发展，人类对水的需求增长越来越快，许多国家陷入缺水困境，经济发展也受到制约。我国是一个干旱、缺水严重的国家，水的问题是我国各民族共同面临的问题，与每个人的日常生活直接相关。我们必须行动起来，从自我做起，节约用水，爱护我们的水资源。		

（二）课堂检测

1. 地球的表面积约有_____被水覆盖着；地球上最大的储水库是_____；淡水约占全球总水储量的_____；海水中含有的化学元素大约有_____种。

2. 中国水资源总量居世界第_____位，世界人均水量最多的国家是_____，中国人均水量约占世界均值的_____，我国人均水量最多的省（区）是_____。

（教师）笔记

3. 世界水日是 ____ 月 ____ 日；我国人均水量最少的省是 _____。

4. 世界上有 ____ 人口处于缺水状态，南水北调工程将使我国北方 44 座大中型城市摆脱缺水困难，它是将 _____ 水调往北方。

5. 南水北调工程规划在 2001 年 11 月 23 日全部通过专家审查。南水北调工程须遵循三个重大原则：其一，先节水后调水；其二，先治污后通水；其三，先环保后用水。

请你结合生产、生活、生态工程等实际，举出三例环保举措。

① _____ ② _____

③ _____

五、教学反思

本单元"爱护水资源"的主题比较贴近生活，所以采取生活中常见的实例引入本课，可以使学生更熟悉、更有真实感，从而很好地引出了本单元的主题。

本单元结合实例，运用视频、图片、文字材料等辅助材料和设施，采取多种教学方法，如问题引导法、小组讨论法、表格填写法、创设情境法等，使同学们认识到水资源缺乏问题。通过"如果生活中没有了水资源，我们的生活会成为什么样子"这样的设问可以激发学生节约用水的意识。

通过学习，学生了解到我国还有很多少数民族地区正处在极度缺乏生活用水的状态，引起更多学生关注少数民族地区的困难生活，增强对民族地区的了解。

六、教学资源

（1）http：//baike. baidu. com/view/26518. htm。

（2）http：//v. youku. com/v_ show/id_ XMjE3OTY0OTA4. html。

生　物　篇

初一年级

食物中的营养物质

一、教材中的位置

本节采自《义务教育课程标准实验教科书·生物》七年级（下册），第四单元《生物圈中的人》，课题二《人体的营养》，第一课时《食物中的营养物质》，必修课，第 25 页。

二、民族团结教育切入点

我国的一些民族，如藏族、蒙古族等民族的传统饮食中长期缺少蔬菜、水果，以牛羊肉、奶制品及面食为主，却能够维持身体营养平衡，没有出现坏血症等维生素缺乏的病症，这与他们饮奶茶的生活习惯有直接关系，因为茶叶所含的维生素可以使他们身体维持营养平衡。

本单元通过介绍藏族、蒙古族等民族饮奶茶习俗为切入点，引导学生了解更多关于我国一些民族饮食中习惯和特点的知识，从而介绍食品中所含的营养物质，以及这些营养物质对身体的作用。

三、教学目标

本课以饮食健康为主题，使学生在了解维生素与营养平衡关系的基础上，提高自身的健康意识，同时关注不同民族的不同饮食习惯。

通过了解我国多个少数民族共有的奶茶文化，使学生能够欣赏藏族、蒙古族人民的科学饮食风俗，从其悠久的奶茶历史中，感受我国各族人民的深厚友谊。

四、课堂设计

（一）引入

《生物学》七年级下册第 25 页，提供了有关维生素的教学参考事例：几百年前的欧洲，长期在海上航行的水手经常遭受坏血症的折磨，有的痛苦地死去。奇怪的是，只要船只靠岸，吃到新鲜的水果和蔬菜，这种疾病很快就不治而愈了。经过长期的研究，科学家后来从新鲜的水果和蔬菜中提取出维生素 C，并证实坏血病就是维生素 C 缺乏症。可见，维生素能够维持人体的营养平衡，人体缺乏维生素会出现相应的病症。

（二）新知讲授

讲解维生素 A、B、C、D 的特点、缺乏症及食物来源。为下一个教学环节——分析藏族、蒙古族等民族饮食习惯的科学性做知识铺垫。

（三）知识扩展

分析资料并提出问题，引导学生了解少数民族饮奶茶的风俗，了解我国少数民族特有的茶马文化。

1. 资料分析

我国是一个多民族国家，从"风吹草低见牛羊"的内蒙古大草原，到神奇的"世界屋脊"，生活着蒙古族、哈萨克族、藏族等多个民族。一些游牧民族由于生存环境的原因，长年缺少蔬菜水果，主食为牛羊肉、面粉，他们在饮食过程中是如何补充维生素而达到合理营养的呢？

知识链接：茶叶含大量的维生素 C，通常每 100 克茶含有 100 毫克~500 毫克维生素 C，茶叶中的水溶性维生素能够全部溶解在热水中，浸出率几乎达 100%。一个成年人，每天至多需 5 克茶叶和 1 斤牛奶熬成奶茶，便足以使体内维持营养平衡了。

我国游牧民族饮茶的历史可追溯到唐代。但是，我国游牧民族生活的地区是不出产茶叶的，盛产骡马、毛皮、药材等物资，而茶主要产自于我国的云南和四川，这里生活着哈尼族、彝族、傣族、瑶族等多个民族。那么，游牧民族是通过何种途径获得茶叶的呢？

历史记载，我国在各朝代民间役使和军队征战都需要大量的骡马。云南、四川不产良马，盛产茶叶、布匹、盐和日用器皿等，而与云南、四川临近的藏区盛产骡马、毛皮、药材等物资。于是，早在唐代，我国各民族就开始了具有互补性的茶和马的交易，即"茶马互市"。

（教师）笔记

茶马古道：源于我国古代西南边疆的茶马互市，是以马为主要交通工具的民间商贸通道，兴于唐宋，盛于明清。茶马古道的线路主要有两条——川藏、滇藏两路，即从四川至西藏拉萨和从云南至西藏两路。

茶马文化：在茶马古道上，千百年来，生活着汉族、纳西族、白族、藏族、怒族、独龙族、傈僳族等多个民族。他们通过茶马互市建立了坚定的民族团结友谊，进而形成了我国特有的民族融合文化——茶马文化。

2. 民族团结融入元素

（1）介绍少数民奶茶风俗的科学性。

（2）宣传民族团结的事例典范——茶马互市、茶马古道及茶马文化。进一步贯彻三个离不开："汉族离不开少数民族，少数民族离不开汉族，各少数民族之间也相互离不开。"

（四）生活实践

1. 煮奶茶与同步教学

学生了解少数民族人民的奶茶习俗的科学性及茶马文化的同时，教师指导学生现场制作奶茶。在这一过程中，学生能够从情感上接纳奶茶，尊重少数民族人民的饮食风俗。

2. 师生小结

中国的饮食文化中，包含着我国各族人民的智慧和友谊，这种友谊历经千年，坚不可摧。

3. 民族团结融入元素

体验少数民族风俗习惯，尊重少数民族感情。

五、课后反思

（一）完成教学目标，增进民族团结情感

通过《维生素与营养平衡》课堂教学，学生能够完成以下几点教学目标，并获得民族团结的情感体验：

（1）学生了解维生素 A、B、C、D 的功能、缺乏症及食物来源，了解藏族、蒙古族等民族的饮食结构有利于补充多种维生素，维持身体营养平衡，具有特有的科学性。

（2）学生增进了对茶马文化的了解。千百年来，汉族、纳西族、白族、藏族、怒族、独龙族、傈僳族等多个民族，通过茶马互市，祖祖辈辈走出了一条友谊深厚的茶马古道，而这种多民族的团结友谊是历经考验长久不衰、坚不可摧的。

（3）学生通过现场制作奶茶的教学活动，能够进一步了解我国少数民族的风俗习惯，从情感上接纳并尊重他们的风俗习惯。

（二）积累生活经验，体验民族习俗

通过《维生素与营养平衡》课堂教学实践，指导学生制作奶茶，可以积累一定的经验，使学生体验民族习俗。

1. 可能性

生物课堂上，实现一些少数民族饮食风俗的体验活动，具有一定的可能性。生物学科注重学生技能的培养，并在生物课堂上设置了相应的学生实践活动，例如制作葡萄酒、制作酸奶、泡菜等。所以，生物课同样可以安排少数民族饮食风俗的体验活动，例如制作奶茶等。

2. 可行性

本节课堂上，学生能够在教师的指导下完成奶茶制作，说明这种实践对学生来说具有一定的可行性。活动所要求的器材是常用、易操作的，所需的实验材料是安全的、常见的、易收集的；所需方法简单、步骤少，所需时间短，能速成。

3. 有效性

从学生课上积极参与制作奶茶，到课下踊跃品尝奶茶可以看出，课堂上的体验活动具备一定的有效性。

（三）积累教师教学经验，自然融入民族团结

通过《维生素与营养平衡》课堂教学实践，教师可以在组织教

学、调动学生参与方面积累一定经验，从而使民族团结融入课堂更为贴切、自然、细致。

1. 时间安排合理有序，利于活动的顺利展开

本节课的教学组织上，第一环节安排学生体验奶茶，最后环节安排学生分析奶茶的营养成分与制作奶茶同步进行，符合学生的认知规律"先体验，再认识，再体验"，有利于学生逐步加深对科学知识的认识。

2. 讲授知识一定要经得起科学考验

本节课的知识讲授环节中，有对维生素 C 的化学性质鉴定，但缺少对茶叶所含维生素的化学性质鉴定。这一不足，不利于学生理解茶叶的成分及功能，影响教学成效。

3. 课堂呈现的资料明确，有助于引导学生分析思考

本节课以呈现两段明确的资料为开端，分别介绍藏族、蒙古族等少数民族的奶茶风俗，追溯茶马文化，突出我国多民族团结的典范事例，感受各族人民的深厚友谊。由此可见，简洁、明确的历史资料的呈现是有助于学生自然、流畅地分析与思考。

总之，从《维生素与营养平衡》课堂教学实践来看，生物学科开展民族团结融入课堂活动有其独有的优越性。只要今后不断地进行课堂教学探索及实践，一定会积累更多有效的经验，为我们提供更多素材，为祖国的民族团结事业增光添彩。

六、课后思考材料

1. 西北游牧民族的饮奶茶习惯与维生素。

茶叶中包含着丹宁、氨基酸、精油、咖啡因和维生素 C、D、B 等丰富的营养成分，有强心、利尿、健脾、造血、造骨、提神醒脑和强化血管壁等药用功能，还有溶解脂肪、促进消化等作用。因此，茶叶，尤其是砖茶逐渐在西北游牧民族生活中占据了重要的位置。有"一日无茶饮，心虚头晕，饮食不香，夜不能寐"之说。

2. 茶马古道的现实意义

茶马古道是一个非常特殊的地域称谓，指存在于中国西南地区以马帮为主要交通工具的民间国际商贸通道。茶马古道是一条世界上自然风光壮观、文化神秘的旅游精品线路，它蕴藏着开发不尽的文化遗产。

3. 现场制作奶茶

牧民们最喜欢喝奶茶，奶茶是用砖茶加牛奶或羊奶、盐等煮

成的。

（教师）
笔记

七、教学资源

（1）http：//baike. baidu. com/view/2169. htm

（2）http：//www. sqsdgg. com/a/69316/h5024546. shtm

初二年级

尝试对植物进行分类

一、教材中的位置

本节采自《义务教育课程标准实验教科书·生物》八年级（上册），第六单元《生物的多样性及其保护》，课题一《根据生物的特征进行分类》，第一课时《尝试对生物进行分类》，必修课，第81页。

二、民族团结教育切入点

本单元以介绍少数民族中有特色的农作物为切入点，讲授各种民族特色农作物的分类、特点、生长环境等，增进学生对民族地区特色植物和地理环境的了解，认识少数民族地区物种的多样性。

三、教学目标

（1）使学生了解少数民族特色农作物的种类、特点及生长环境。

（2）培养学生对生活和身边事物的观察能力和利用现代信息手段收集资料的能力。

（3）增进学生对少数民族地区特色植物和地理环境的了解，使其认识少数民族地区物种的多样性。

四、教学设计

（一）引入

展示青稞、葫芦藓、肾蕨、油松、水绵、向日葵六种植物的图片，并进行简介，其中重点介绍学生不熟悉的青稞。

青稞是藏族人民的主要粮食，又称裸大麦、元麦、米大麦，其主要产地在中国西藏、青海、四川、云南等地。青稞有着广泛的药用以及营养价值，可以生产青稞挂面、青稞馒头、青稞营养粉等产品。

关于青稞种子的来历在藏区有很多神话传说和歌谣。其中，最具有代表性的是神话故事《青稞种子的来历》。传说有一个名叫阿初的王子，从蛇王那里盗来青稞种子，结果被蛇王发现，罚他变成了一条狗。后来一个大土司的女儿爱上了阿初，他又恢复了人身。阿初夫妇辛勤播种和耕耘青稞，吃上了用黄灿灿的青稞磨成的香喷喷的糌粑。后来，人们在每年收完青稞，尝新青稞磨成的糌粑时，先捏一团糌粑给狗吃，以纪念阿初给人们带来青稞种子。

（二）教授新课

教师：听完这个传奇故事，我们回到前面展示的图片上。能否按照一个标准，将6种植物分成两类？

学生：（略）

教师：（肯定学生的分类，强调分类依据不同，分类方法多种多样。）由植物分类，引出植物分类主要依据，即形态、结构、特征等。

（三）练习

展示几种植物图片，介绍这几种少数民族地区生产的主要农作物和水果。

1. 槟榔

产于南方少数民族地区，如壮族、傣族、苗族、瑶族等居住区。这些民族地区多属亚热带，盛产香蕉、菠萝、橘子、槟榔等热带、亚热带水果。

2. 椰子

产自海南岛的黎族地区，当地还盛产椰子。这一带农作物主要是水稻、甘蔗等。

3. 哈密瓜

产自西北新疆地区，当地还盛产葡萄、库尔勒香梨等。农作物主要是小麦，经济作物有棉花等。

指导学生根据这几种植物的形态特征进行归类。首先分析其形态、结构、特征（果实、种子、叶片特点等），然后进行分类总结。得出结论：都是被子植物；其中槟榔、椰子是单子叶植物，哈密瓜是双子叶植物。

五、教学反思

本节课介绍植物的分类依据，给出的 6 种植物中包括了藏族地区民主要的农作物——青稞，以之引导学生了解藏族地区的地理环境和农作物种植特点，了解西藏的青稞文化。

在练习部分，列出几种少数民族地区如壮族、傣族、苗族、瑶族、维吾尔族、黎族等聚居地区盛产的水果，引导学生按照本节课所学方法对其进行分类。在反复练习植物分类的同时，使学生了解这些少数民族地区的地理环境特点及其丰富的植物特产。

六、教学资源

（1）http：//www. dqst. net. cn/html/dqwh/htm

（2）《西藏艺术研究》，1998（4）。

（教师）
笔记

初三年级

保护生物的多样性

一、教材中的位置

本节采自《义务教育课程标准实验教科书·生物》八年级（上册），第六单元《生物的多样性及其保护》，课题三《保护生物的多样性》，必修课，第95页。

二、民族团结教育切入点

本节涉及少数民族地区生物方面的知识，通过介绍少数民族地区的生物种类和现状，了解这些生物目前所处的危险境况，激发学生保护生物多样性的意识，并引导学生思考如何保护生物多样性，最终阐述建立自然保护区的必要性。同时，也增强了学生的社会责任感和危机感。

三、教学目标

（1）引导学生了解3个少数民族自然保护区的概况和现状，明白保护这些地区的生物多样性迫在眉睫。

（2）引导学生了解少数民族保护生物多样性的措施及在生物多样性的保护上做出的重要贡献。

（3）引导学生有意识地增强自己的社会责任感，生活中自觉遵守并大力宣传保护生物多样性的必要性。

四、教学设计

（一）课前准备

提前安排学生上网查阅资料，找出少数民族地区的自然保护区，了解少数民族地区生物多样性的现状、面临的威胁和当前采取的保护措施。

（二）教学过程

1. 生物多样性面临威胁的原因

（1）学生分组进行生物多样性面临威胁的原因调查分析。

（2）教师参与学生的小组讨论，引导每组学生进行资料分析，查找原因。

（3）教师介绍我国特有物种——藏羚羊的有关情况，展示西藏少数民族和藏羚羊在一起的图片，简要介绍藏羚羊的生活环境。

（4）引导学生总结生物多样性面临威胁的原因：过度砍伐、过度捕杀、环境污染、外来物种入侵等因素。

2. 保护生物多样性的措施

（1）针对生物多样性面临威胁的现状和原因，引出保护生物多样性的重要性。引导学生思考：保护生物多样性可采取什么样的措施？

（2）根据学生的回答，板书并展示相关图片，引导学生分析。重点分析建立自然保护区的必要性，强调建立自然保护区是保护生物多样性最有效的措施。

（3）介绍教材中提到的自然保护区，进而提出扩大现有自然保护区的数量。

（4）指导学生介绍各小组收集到的资料。分布在少数民族地区的三大自然保护区有：

布依族、苗族——贵州茂兰自然保护区

彝族——四川美姑县大风顶自然保护区

壮族——广西猫儿山国家级自然保护区

5. 总结

保护生物多样性的措施：建立自然保护区、减少污染、减少杀戮、建立种质资源库和精子库，加强立法保护等。

【自然保护区背景资料】

1. 贵州茂兰国家级自然保护区（布依族、苗族地区）

贵州茂兰自然保护区位于贵州省黔南布依族苗族自治州荔波县南部。主要保护对象为喀斯特森林及珍稀动植物。

茂兰喀斯特森林是目前我国乃至世界上罕见的中亚热带喀斯特原生性较强的残存森林。该区的生态系统由森林和喀斯特地貌组合形成，具有很高的生态研究价值。作为一处珍贵的风景资源，茂兰喀斯特森林在一定程度上超脱了喀斯特风景的固定程式，把千姿百态的山光水景、地下溶洞与碧绿的森林景色融合在一起，改变了喀斯特荒芜的情调，呈现出一幅完美的自然景色。

在喀斯特森林区域内，生长着掌叶木、任木、穗花杉、香果树、罗汉松、短叶黄杉等珍惜植物，初步考察采集到的高等植物标本近千种。区内的野生动物资源也十分丰富，被列为国家重点保护动物的就有金钱豹、林麝、猕猴、毛冠鹿、蓝翅八色鸫、白鹇等多种。

茂兰自然保护区很好地保存了这片独特的喀斯特森林群落，对于人类全面认识岩溶地貌的形成、发育历史以及森林动植物的发展变化具有重要的意义。

2. 四川美姑县大风顶自然保护区（彝族地区）

位于美姑县城东北方向的树窝、龙窝乡境内（只占保护层部分，余为马边县介辖），面积 15950 公顷。1978 年经国务院批准建立，1994 年经林业部确认为国家级自然保护区。保护区内有大熊猫、牛羚、小熊猫、猕猴等 30 余种珍稀动物以及珙桐、银杏、红豆粉等珍稀植物，还有天麻、贝母、牛膝等珍贵药材。

3. 广西猫儿山国家级自然保护区（壮族地区）

地处广西壮族自治区兴安、资源、龙胜三县交界处，总面积 1.7 万公顷。猫儿山自然保护区，森林覆盖率达 96.5%，是世界最具典型特征的常绿阔叶林原生性植被保存最完好的地区之一。森林植被的原生性和自然环境的原始性是猫儿山的显著特点。

五、教学反思

本节课在生物多样性面临的威胁资料分析中，介绍了西藏地区藏族所特有的动物——藏羚羊。在保护生物多样性的措施——建立自然保护区的学习中，采用学生查阅资料并在课上展示、讲解、交流的方式，介绍了 3 个分布于少数民族地区的自然保护区。学生了解了少数民族地区生物多样性的现状，明白保护这些地区的生物多样性迫在眉睫。

本课主要让学生了解少数民族保护生物多样性的措施及在生物多样性的保护上做出的重要贡献。使学生有意识地增强自己的社会责任感，在生活中自觉遵守并大力宣传保护生物多样性的必要性。

六、教学资源

（1）贾静：《云南少数民族传统文化与生物多样性保护的法律价值研究》，昆明理工大学，2007。

（2）环境保护部编：《中国生物多样性保护战略与行动计划》，北京，中国环境科学出版社，2010。

（3）中国学术期刊网，http：//www.ikanw.com。

（教师）
笔记

信息技术篇

初一年级

Excel 数据处理

一、教材中的位置

本节采自《北京市义务教育课程改革实验教材·信息技术》第五册（7～9年级用），第五章《数据处理》，第1～45页。

二、民族团结教育切入点

本节以我国历次人口普查数据中"少数民族人口及其地区分布"的统计结果为素材，把 Excel 数据处理的对象选定为"我国少数民族人口及分布"，学习基本数据处理软件的同时，了解我国少数民族人口及分布情况。

三、教学目标

（1）通过实例学习 Excel 数据处理软件，学生学会基本的办公软件操作。

（2）通以针对有效数据处理、分析的学习实践，使学生了解我国少数民族人口分布的特点，学习我国民族政策。

（3）分析这些数据所显示的我国少数民族人口的分布特点，增加学生对少数民族状况的了解。

(教师)笔记

四、教学设计

（一）单元规划

	主题	具体内容
1	数据录入	（1）认识 Excel 软件，学会工作簿、工作表的基本操作。 （2）分组录入"历次人口普查少数民族人口的分布情况"、全国人口普查中"中国少数民族人口及其地区分布"的数据。
2	数据汇总	通过合并工作表，汇总各组录入数据；并对工作表中的数据、表格进行修饰。
3	统计查询	（1）分别对历次人口普查中的少数民族人口数进行升序或降序排列。 （2）筛选出主要聚居在云南和四川的少数民族。 （3）统计近两次人口普查中，各少数民族人口的增减数量（差值），并对"人口增长"或"人口减少"情况进行逻辑判断。 （4）按照各少数民族的人口增长值大小统计名次。
4	数据图表	应用恰当的图表呈现本组数据统计结果，并完成数据分析报告。

（二）单课示例

课 题	数据处理——数据图表			
内容选自	北京出版社《信息技术》，第 5 册，第 5 章			
课 型	新授课	授课班级	初一	课时	2
前期分析	教学内容分析	本章介绍数据收集、统计、分类汇总、制作图表以及用图表进行统计的方法，使学生能初步掌握数据处理的方法。教材一共安排五节内容：数据信息的处理、修饰工作表、数据统计、数据查询、制作图表。 单元目标在于：能根据需求收集数据，并将其归纳成数据表；能进行有效的数据处理；能根据数据特点，选择合适的图表呈现数据分析结果；掌握数据处理基本技能，提升数据处理分析能力。 结合我校"民族教育"，确定主题为"我国少数民族人口及分布"调查研究。 由于课时有限，教师可以辅助学生获得相关数据。			
	学情分析	学生已经学习了应用 Excel 进行数据统计的相关操作。对于通过应用图表可视化数据的方法，学生未知。			
教学目标	1. 学习确定生成图表的数据范围。 2. 根据分析数据的不同特点，选择相应图表类型。 3. 学会创建饼图、柱形图、折线图。 4. 会根据图表进行简单数据分析。				

续表

教学重点	创建图表，根据图表进行简单数据分析
教学难点	确定生成图表的数据范围
教学方法	任务驱动
教学环境	计算机房，局域网，Excel 软件
教学准备	Excel 文件——少数民族人口分布统计表

教学阶段	教学过程			设计意图与说明
	教学内容	教师活动	学生活动	
组织教学	常规检查：按要求就座，带齐学具。	常规检查	准备上课	在常规检查中培养学生的日常行为习惯，培养学生遵守纪律。
引入主题	展示 Excel 工作簿中的相关数据。之前同学们已经应用 Excel 进行了数据分析工作，并由此制作了"聚居广西的少数民族"和"各地区少数民族人口比例"的汇总统计表。怎样才能更直观更明晰地看出这些数据的大小差距、比例分配呢？我们这节课就来学习数据的图表化。（展示数据图表）	引导回顾说明目标	回顾所学明确目标	帮助学生明确本课学习目标及意义。
新课学习	1. 技能储备 （1）图表的创建方法 （2）图表的修饰方法 （3）图表的编辑 　①调整图表大小和位置 　②添加数据标志 　③修改图表数据 2. 布置任务 任务一：用图表展示聚居某一地区的几个少数民族的人口数量。 任务二：用图表展示 1953 年、1964 年、1982 年和1990 年少数人口占全国人口的比例。 任务三：用图表展示我国各地区少数人口分布比例	说明所需技能 引导探究演示讲解 说明任务细则	明确所需技能 观察探究理解记忆 听讲理解	教师首先明示本课所需技能，然后引导学生自主探究，之后交流操作技巧，并对典型问题加以演示强调。 首先布置任务，帮助学生进一步明确目标，并设问：如何实现目标。 通过分析任务一，帮助学生理解 Excel 常用图表的适用范围。提示学生关注鼠标选中之后软件的自动提示。 1. 通过分析任务二，帮助学生理清完成任务的具体方法步骤。 2. 通过巡视，进行个性化指导，帮助学生逐一实践3项任务。

（教师）笔记

续表

(教师)笔记

3. 任务分析 （1）应该选择何种类型的图表来表示数据 任务一：用柱形图 任务二：用折线图 任务三：用饼图 关键点概述： 柱形图——突出数量对比 折线图——突出变化趋势 饼图——突出部分与整体的关系	引导 分析 思考	思考 判断 交流	3. 拓展任务要求完成快的同学进行，而其他同学仅总体了解即可。 统一讲解，但不要求大家整体实践。
（2）怎样整合相关数据？ 数据分析首先需要从大量数据中选择、提炼所需数据，进行归纳汇总。这一步如何实现？ （数据查找、筛选、复制、粘贴……）	引导 分析 思考	思考 判断 交流	
4. 自主实践 学生个体自主完成前面布置的三个任务，以切身体会数据图表化的应用。	巡视 指导	自主 实践	
5. 拓展任务 数据分析报告 （1）报告主题 （2）数据来源 （3）主要数据表 （4）数据统计查询结果 （5）图表示意	讲解 说明	听讲 理解	
（6）数据分析 提示：应用 Word 完成数据分析报告	巡视 指导	自主 实践	
课堂小结	1. Excel 有哪些常用图表？ 2. 图表能够使数据可视化，突出数据的变化规律，形象地反映出从数字上看不出来的变化趋势，方便人们快速交流和了解信息。	提问	思考 交流	整体回顾，巩固重点，进一步明确数据图表化的意义。

续表

布置作业	检查、完善本课的3项任务，核实文件名及文件类型无误后上传到指定位置。		通过作业督促自主学习活动
评价方案	1. 评价学生上课听讲、参与互动交流的状态 2. 评价学生以作业形式上交的 Excel 数据图表化作品。		
板书	常用图表：柱形图——数值对比 　　　　　折线图——趋势呈现 　　　　　饼图——比例分布		

五、教学反思

在 Excel 数据处理的教学中，以我国人口普查数据为依据，分析少数民族的人口分布、发展变化等，引起了学生的一些思考，如少数民族人口在 10 年内的发展呈什么样的趋势？聚居某地的少数民族人口比例有什么特点？我国针对民族地区有哪些优秀政策？这样，学生会在老师的引导下就自己的分析结果主动、自主探索。了解相应的民族政策自然成为学生一种内在需要，也加强了他们的主人翁意识。

六、教学资源

（1）历次人口普查少数民族人口的分布情况（1953 年、1964 年、1982 年、1990 年、2000 年、2010 年）。

（2）中国少数民族人口及其地区分布（第 4 次、第 5 次、第 6 次全国人口普查数据）。

（教师）
笔记

初二年级

演示文稿的制作

一、教材中的位置

本节采自《北京市义务教育课程改革实验教材·信息技术》第五册（7-9年级用），第六章《演示文稿的制作》，第49~80页。

二、民族团结教育切入点

本节通过将我国56个民族文化中的某一点，如民族音乐、民族艺术、民族小吃等的介绍，制作成演示文稿为实例，组织学生学习演示文稿制作。明确演示文稿的作用和实际应用，同时增进学生对我国各民族知识的了解。

三、教学目标

（1）使学生掌握演示文稿的制作流程和实际应用。

（2）通过以"民族知识"为主题的演示文稿的制作、交流活动，增进学生对我国各民族知识及部分现行族政策的了解。

（3）使学生学会团队合作和与同学交流，培养学生团队意识。

四、教学设计

（一）单元规划

课时	主题	具体内容	备注
1	确定主题	（1）讨论和明确演示文稿的作用——辅助讲解，引起听众注意，帮助听众更好地理解。 （2）围绕"56个民族大家庭"的相关内容选题，制作一份演示文稿。要求小而具体，可以是一个民族的多个方面，也可以是多个民族的一个方面。	初定小组选题
2	规划设计	（1）任务分析及组内分工。 （2）文件夹的建立与管理。 （3）学习应用"主题"或"模板"，使PPT的主体风格趋于一致。 提示：PPT中链接的音视频要和PPT文件保存在一个独立的文件夹中，因此，资料搜集员和编辑要分别建立文件夹进行资源管理。	初选主题风格
3	基本操作	（1）学习通过网络下载模板及修改母版的方法。初步确定本组PPT应用的"主题"或"模板"。 （2）学习和掌握PPT基本操作的方法。 提示：类似的操作在Word中是怎么做的？请动手试一试。	个体自主实践
4	基本操作	（1）PPT中图片的处理，包括图片样式的选择，图片边框、效果的进一步修饰。 （2）在"绘图"工具中，学习"设置形状格式"对话框的具体应用。 （3）学习声音、视频的插入方法。	小组自主实践
5	操作技巧	（1）学习超链接的应用（和Word中设置书签、进行超链的方法有所区分。） （2）学习PPT中动画的设置。	小组自主实践
6	自主实践	（1）开课前10分钟进行电子报刊的汇报交流。思考电子报刊与演示文稿的异同，借鉴其共性内容。 （2）针对演示文稿的阶段性成果汇报，讨论其中存在问题，并有针对性地解决问题 （3）分组实践，修改完善作品。	集体交流分组实践
7	自主实践	（1）强调学生在展示交流中要说明本组的创作思想（背景选择、图文配合等的理由）。 （2）交流文稿主要来自于图书《民族宗教百题问答》。	集体交流分组实践

（教师）笔记

（教师）
笔记

课时	主题	具体内容	备注
8	表达交流	（1）展示和交流同学们的作品，交流对民族政策常识的理解和感悟。 （2）教师总结演示文稿"辅助讲解"功能的几种方式（通过何种手段更好地促进表达与交流）。	集体交流 归纳总结
9	评价小结	（1）进一步完善作品，给出本组自评结果（包括评语及分数）。 （2）展示交流。	组内自评 集体交流

（二）单课示例

课　题	表达与交流——PowerPoint 演示文稿综合应用				
内容选自	北京出版社《信息技术》，第 5 册，第 6 章				
课　型	新授课	授课班级	初一	课时	1 课时
教学目标	1. 通过展示交流活动，明确表达与交流的基本要求。 2. 通过归纳总结，凸显演示文稿"辅助讲解"功能的几种途径及技术实现方式。 3. 通过以"民族"为主题的演示文稿的交流活动，增进学生对我国少数民族知识和民族政策常识的了解。				
教学重点	通过归纳总结，凸显演示文稿"辅助讲解"功能的几种途径及技术实现方式。				
教学难点	演示文稿"辅助讲解"功能的具体实现。				
教学方法	组织交流，演示讲解，引导归纳				
教学环境	本课在计算机房上课，应用 PowerPoint 软件、交互式电子白板。				

教学过程				
教学阶段	教学过程		设计意图	时间
	教师活动	学生活动		
组织教学	课前在大屏幕上显示展示、交流的基本要求。	陆续进入教室，就座，静心，关注屏幕内容。	帮助学生尽快进入学习状态，为展示、交流活动做铺垫。	课前
引入主题	说明本课交流重点：如何凸显演示文稿的"辅助讲解"功能。	听讲，明确目标。	引出课题，帮助学生明确目标。	1分钟

续表

教学过程				
教学阶段	教学过程		设计意图	时间
	教师活动	学生活动		
展示交流学生作品	组织展示交流。关注重点:1. 作者的创作思想。2. 演示文稿"辅助讲解"功能的实现。同步记录:在学生的展示交流进程中,捕捉凸显了演示文稿中"辅助讲解"功能的内容,随机抓屏,以备后续总结之用。	汇报交流:展示者以演讲的形式展示作品,阐述自己对于民族知识的了解及对民族政策常识的感悟。之后说明自己的创作思想。学生思考怎样做会更利于表达,更能帮助听众理解?	在组织学生汇报交流的活动中,有一定的基本要求。1. 要求展示者大方、清楚地表述。2. 要求倾听者来说,不打断他人发言,力争理解他人的思想,积极思考针对不同的汇报交流重点,教师要提出有针对性的要求,以引导学生更好地聚焦于重点问题。	15分钟
展示交流教师作品	展示以"民族情况介绍"为主题的PPT作品,其中部分内容为"民族政策",重在展示如何利用图示体现语言文字间的内在关系。	观察、思考、交流。	教师选取难以配图说明的民族政策常识为表达对象,重点说明应用图示体现内在关系的方法。	5分钟
归纳总结	引导归纳:有哪些途径可以彰显演示文稿的"辅助讲解"功能?其相应的技术实现方法是怎样的?	回顾,交流;归纳、总结。	呈现之前教师随机抓屏(应用白板的"屏幕捕捉"功能)的结果,展示教师预存幻灯片内容,降低学生归纳总结的难度。	5分钟
自主实践	1. 教师:以学生某一页幻灯片为例,引导学生讨论如何实现这样的改进?要经历哪些步骤?2. 让学生针对本组PPT的一页进行修改,使其更利于表达交流。并保存前后修改结果,以做对比。	1. 通过对比观察,思考改进幻灯片以"辅助讲解"的几个步骤。2. 自选一页PPT进行修改,以便更好地"辅助讲解"。	通过对比、观察、思考,引导学生理解修改幻灯片要经历的几个步骤,以此指导后续自主实践。通过实践巩固前面所学。强化对于演示文稿"辅助讲解"功能的理解。	15分钟

(教师)笔记

（教师）
笔记

教学阶段	教学过程		设计意图	时间
	教师活动	学生活动		
课堂小结	1. 组织几个小组展示交流其实践结果。 2. 组织讨论演示文稿"辅助讲解"功能的几种实现途径及技术方式。	1. 展示交流。 2. 回顾本课重点。	帮助学生进一步强化理解。	4分钟
作业	继续修改、完善演示文稿，并思考小组自评内容。			
评价	1. 评价学生在展示交流活动中表现（鼓励为主，不量化）。 2. 评价学生归纳总结重点的情况（鼓励为主，不量化）。 3. 评价学生的实践结果——是否比原来的表现形式更易于表达交流。			
板书 —— 技术要点	表达与交流——PowerPoint 综合应用 展示者以演讲的形式展示作品，介绍民族知识，并说明创作思想。 倾听者重点思考：我是否有同感？我是否有相同问题？我如何解决？ 建议者说明怎样做会更利于表达，更能帮助听众理解？			

凸显演示文稿"辅助讲解"功能的几种实现途径及技术方式

途径	达成效果	主要技术实现方式
背景用色	烘托氛围促和谐	应用"主题"或使用模板
图文配合	形象生动助理解	插入与内容紧密相关的图片
图示说明	内在联系巧传递	插入"形状"、"Smart Art"图形
图表呈现	数据直观好解说	插入"表格"、"图表"
动画设置	突出重点引注意	"自定义动画"

五、教学反思

信息技术的课程价值，绝不是体现在单纯的学习技术应用上，而是要以学生为本，从学生的生活实际出发，关注利用技术解决问题，关注教学技术所依托的思想、方法与理念，传承文化。把传统的技术应用变为正确、灵活的应用技术服务于生活。

对于演示文稿的制作，就是要让学生明白为什么要制作演示文稿，怎么样来辅助讲解。让学生在技术制作过程中，不断思考如何表达，如何帮助听众理解，站在听众的视角看问题。因此，表达与交流是演示文稿制作过程中最为重要的一环。

结合民族团结教育的主题，把演示文稿的制作主题与我国56个民族相关知识联系起来。分组实践中，学生要上网搜集相关信息，聚焦于某一方面，进行深入了解，并以PPT的形式呈现，辅助表达交流。这样，把操作、实践与探究活动融为一体，实现了信息技术作为学习对象与学习工具的双重价值。

教学中，也发现本单元教学一大难点，即如何引导学生兼顾局部和整体的关系。在最后的作品交流中，有学生提出来，PPT的每一页虽然是独立的，但其间应该有一个内在的联系……但是，这种联系如何进行归纳总结呢？还需师生共同对其进行探究。

六、教学资源

中共北京市委统战部、北京市民族事务委员会编．《民族宗教百题问答》，北京，开明出版社，2008。

初三年级

网站制作

一、教材中的位置

本节采自《北京市义务教育课程改革实验教材·信息技术》第五册（7–9年级用），第七章《网站制作》，第84～121页。

二、民族团结教育切入点

本节以我国的民族知识为主题，进行网站的规划、网页的制作。教会学生认识网页文件的基本结构，了解网页在信息存储方面的特点。以某一选定主题为例，引导学生针对网站的规划进行设计实施，由此领悟网站主题、规划网站结构应遵循的基本原则等。

三、教学目标

（1）使学生掌握本地站点的建立、静态网页的制作，认识网页文件的基本结构，了解网页在信息存储方面的特点。

（2）使学生掌握规划网站主题、网站结构应遵循的基本原则。

（3）通过以"民族知识"为主题的制作、交流活动，增进学生对我国少数民族知识民族政策的了解。

四、教学设计

（一）单元规划

课时	主题	具体内容
1	确定主题	引导学生集思广益，围绕"民族"这一大主题细分，按民族分、按地域分、按内容又分为民族大学、民族饭店、民族政策等栏目。
2	规划网站	以某一选定主题为例，引导学生针对网站的规划进行设计实施，由此领会规划网站主题、网站结构应遵循的基本原则等。
3	规划网页	（1）认识网页文件的基本结构，了解网页在信息存储方面的特点。 （2）学习并实践从内容、布局、表现目的几个方面对网页进行规划设计。
4	表格布局	（1）了解表格在网页设计中的作用，区分表格和单元格属性的差别。 （2）掌握网页中应用表格布局的方法、表格属性及单元格属性的设置，能够在单元格中正确插入文字和图片。
5	基本制作	熟悉网页中文字、图片的编辑修饰等操作。
6	导航链接	学习网页中的多种超链接方法及网页导航、链接栏的设置。
7	网页属性	学习网页属性的设置，进一步完善网页。
8	音频视频	学习音视频的插入及滚动字幕的设置等。
9	测试发布	了解网站的测试发布常识，完善自己的网站作品。
10	评价交流	互评互学，在网站作品的交流中普及相关民族知识。

（二）单课示例

课　题	网站中的超链接
教学目标	（1）辨析文字、图片、书签超链接及交互式按钮、链接栏在网页中的应用，并能够辨析不同超链接效果的特点及其适用范围。 （2）学习制作图片热点及其超链接。

（教师）
笔记

民族团结教育	相关知识	（1）了解蒙古族的概况、不同历史时期的蒙古族名人等相关知识。 （2）明确中国是全国各族人民共同缔造的统一的多民族国家，深化"汉族离不开少数民族，少数民族离不开汉族，各少数民族之间也互相离不开"的思想意识。 （3）了解民族区域自治制度等我国少数民族的基本政策。
	实施方法	（1）学生所做网站均围绕"民族团结"这一主题进行。他们在选材、制作的一系列过程中，不断丰富着自己的民族知识，积淀着自己的民族情感。 （2）教师所给素材"蒙古族情"网站，较为详细地介绍了蒙古族概况、名人等知识，渗透了个人与民族同发展共奋进的思想。学生的阅读过程即是对蒙古族不断深入了解的过程。 3. "蒙古族情"网站中有"兄弟民族"一栏，其中在"民族图库"中呈现了56个民族的人物图片，在"民族政策"中介绍了民族区域自治政策。通过引导学生浏览相关内容，能够帮助学生理解和"三个离不开"思想等。

教学重点	辨析不同超链接效果的适用范围、学习图片热点超链接。
教学难点	能够根据需要选取恰当的超链接方法。
教学用具	SharePoint Designer 软件，"蒙古族情"网站
教学方法	任务驱动，讨论交流，讲练结合

教学过程

教学阶段	教师活动	学生活动	设计意图
组织教学	提示学生浏览教师范例——"蒙古族情"网站。	陆续进入教室就座，自主浏览范例网站。	通过网站的浏览，帮助学生进入学习情境。
引入主题	一个网站中包含很多网页元素。是什么将这些网页有效、清晰地组织起来，让浏览者快捷地浏览到相关信息呢？	思考问题，简单交流，不要求有统一答案。思考交流，理解恰当的超链接在网站中的重要性。	引导学生明白，部分与部分之间通过某种联系凝聚为一个整体。而对于一个网站之间的顺畅跳转来说，这种联系就是恰当的超链接。

续表

新课学习（常用超链接的各自特点）	1. 布置任务 （1）请学生在通过小组交流，列出自己在网站制作过程中应用过的超链接方法。 （2）列出所浏览网页中应用到的超链接方法。 （3）请学生思考不同超链接方法的各自特点及适用范围。 2. 组织交流 （1）每一种超链接的独特之处是什么？ （2）什么情况下选用哪种超链接最合适？ 3. 出示表格，帮助学生进一步认知各种超链接方式的异同。	1. 列出超链接方法。 ①文本超链接 ②图片（整图）超链接 ③书签超链接 ④交互式按钮 ⑤基于导航结构的链接栏 2. 交流归纳 （1）网站常用的超链接方法。 （2）不同超链接方法的各自特点 3. 针对表格填空归纳，明确认知。	如果学生不愿或不能展示自己的网站，教师提供"蒙古族情"网站。让学生以蒙古族相关知识为依托，在此基础上熟悉网站的架构，理解不同超链接的应用。 在讨论交流中引导学生认识到，达到同一目的的方法很多，但要根据需要选取最适合的。
图片热点超链接	1. 需求分析 "蒙古族情"网站的首页是一张海报，大幅图画除了表现美感传递思想之外，有没有可能分割成区链接到不同目标呢？ 2. 规划设计 如果设置超链接的话，根据什么把海报划分成不同的区域？分别链接到什么地方？ 3. 演示操作方法 （1）调出图片工具栏。 （2）设置图片热区。 （3）插入超链接。 4. 指导实践	1. 观察思考，引发问题——整版图片的新用途。 2. 讨论交流 根据网站大框架划分海报链接区域。 （1）蒙古族概况 ——骏马、标题 （2）蒙古族名人 ——人物胶片 （3）真情感悟 ——图片文字 （4）兄弟民族 ——主体背景 3. 观察理解记忆 （1）观察老师做。 （2）同学实践。 （3）归纳制作热点超链接的方法。 4. 自主实践	通过动手和制作，增加了对民族知识的认识，增强了民族情感。

（教师）笔记

续表

总结归纳	请学生谈谈本课收获，加深学生对民族知识、民族政策的了解。	互动交流	以鼓励为主，引导学生认识到从这节课的实践中了解了哪些民族常识、民族政策。
布置作业	完善网页的设计制作。	检查自己网站中的超链接设置等，不断完善自己的网页。	
板书设计	网站超链接　　　　　　　　　特点 文本超链接————————简单明了 图片（整图）超链接————直观形象 书签超链接————————定位准确 交互式按钮————————动态灵活 基于导航结构的链接栏——便于快速整体规划 热点超链接——便于突出整体和部分的关系		

五、教学反思

　　网站制作是初中信息技术学科教学中的一大模块，历时半个多学期。在本模块起始阶段确定主题时，首先引导学生思考：网站栏目如何设置更有利于突出民族特色？

　　集思广益之下，学生得出如下结论：

　　（1）按民族分（介绍每一个民族）；

　　（2）按地域分（介绍聚居某一地区的几个民族）；

　　（3）按内容分（民族风俗、服饰、舞蹈、传说、歌曲、节日……）；

　　（4）按民族大学分（中央民族大学、西北民族大学、中南民族大学、广西民族大学、内蒙古民族大学、云南民族大学、青海民族大学……）；

　　（5）民族饭店分类（北京民族饭店、成都民族饭店、郑州民族饭店……）；

　　（6）介绍民族政策（概念、意义、基本原则、内容……）。

　　由此，每个学生都围绕"民族团结"这一大主题确定了自己网站栏目。之后教师引导学生从搜集材料、利用文件夹分类管理资源开始，引导其逐步完成网站制作。学生们在选材、制作的一系列过程中，不断丰富着自己的民族知识，积淀着自己的民族情感。

六、教学资源

（1）全国文化信息资源共享工程，http：//www. ndcnc. gov. cn。

（2）国家民委门户网站，http：//www. seac. gov. cn。

（3）北京市海淀区民族小学编著：《民族习俗教育读本》，北京，民族出版社，2011。

（教师）
笔记

政　治　篇

初二年级

世界文化之旅

一、教材中的位置

本节采自《义务教育课程标准实验教科书·思想品德》八年级（上册），第三单元《我们的朋友遍天下》，第五课《多元文化"地球村"》，第56页。

二、民族团结教育切入点

文化的多样性和丰富性，往往通过各具特色的文化习俗表现出来。节日是一种显化的文化习俗，它是国家和民族在长期的历史演进中形成的独具一格的文化传统。

本节以不同民族的节日习俗为切入点，介绍了各具特色又具有共同向心力的民族节日习俗。其中有些节日已成为各民族共有的文化遗产，也有的成为某个民族独有的民族标志。

三、教学目标

（1）认识到不同民族有不同节日文化，不同的优秀文化都蕴含着人类文明的成果。青少年有责任继承中华优秀传统文化，弘扬民族精神。

（2）理解、懂得、珍惜和保护各个民族的优秀文化。

（3）认识到各民族文化要在"求同存异"的原则下，互相尊重和理解。

四、教学设计

（一）新课导入

【PPT展示图片】喜迎春节、中秋等节日的图片

教师提问：我们中华民族最隆重、热烈的节日有哪些？
学生回答：春节、元宵节等

（二）新课讲授，课堂讨论

教师提问：你知道傣族、蒙古族、壮族、彝族有哪些重大的节日吗？
学生回答：火把节、泼水节、那达慕、三月三"歌圩"等。

【PPT展示图片】马头琴、冬不拉

教师提问：你知道它们分别是哪个民族的乐器？
学生回答：蒙古族、哈萨克族
教师：马头琴是蒙古族最具特色的乐器，悠扬的琴声，就像草原上的清风和美酒，令人心醉。
教师提问：谁能说说我们用的人民币正面上的头像是哪个民族的？文字又是哪几种少数民族的？（人民币上有5种文字：汉族、维吾尔族、蒙古族、壮族、藏族）
学生回答：（略）
教师提问：谁能说说少数民族其他方面的成就？
学生回答：（略）

（三）老师归纳总结，强化主题思想

各民族节日都具有中国节日文化的共性，又有其各自民族的特性；各民族节日文化共同组成了中国节日文化，各个民族都是中国这个统一的多民族国不可缺少的一部分。

五、教学反思

由于初中阶段学生课外知识有限，对于少数民族知识的了解较少。虽然通过学校的宣传教育，学生了解了一些少数民族相关知识，但还远远不够。因此，本节在老师引导下，通过图片展示，系统地介绍了各个民族的节日、乐器等方面知识，使学生有了更为丰富的了解。

在贯彻教育部新的教育方针的基础上，要求把教学的主动权还给学生。因此今后要通过学生自己的探究式学习，分组搜集、归纳信息，自主学习我国的民族政策，认识到民族团结的必要性和重要性，才能够使民族团结意识真正做到入脑、入心，并落实在学生平时的行动中。

六、教学资源

（1）全国文化信息资源共享工程，http：//www.ndcnc.gov.cn。
（2）国家民委门户网站，http：//www.seac.gov.cn。
（3）北京市海淀区民族小学编著：《民族习俗教育读本》，北京，民族出版社，2011。

礼仪展风采

一、教材中的位置

本节采自《义务教育课程标准实验教科书·思想品德》八年级（上册），第四单元《交往艺术新思维》，课题四《礼仪展风采》，第 59 页。

二、民族团结教育切入点

本节紧扣"礼仪"的主题，教会学生在和各民族同胞相处时均应以礼相待。首先应做到的就是要尊重各民族的礼仪习俗，要"入乡随俗"。尤其不能违反民族禁忌，因为这会伤害民族感情，妨碍交往，影响团结。遵守各民族礼仪习俗是对其最基本的尊重，本节教会我们如何交往，尤其是在交往中更应该先尊重他或她的民族礼仪习俗。

三、教学目标

（1）通过搜集资料和课堂材料展示，了解少数民族的礼仪风俗，熟悉少数民族的礼节。

（2）掌握与少数民族同胞相处时的礼仪禁忌，培养尊重民族风俗的习惯，形成"平等、尊重、团结"的民族观。

四、教学设计

（一）引入

礼仪不仅仅是一种形式，更是一个人、一个集体乃至一个国家精神文明的象征。礼仪随着时间、场合、对象的不同而不同，社交礼仪涉及交往的方方面面，每个方面都有具体要求。我国是一个多民族国家，56个民族56朵花，装点着美丽的民族大家庭。在民族大家庭中，我们要以礼相待，和谐共处。

（二）导入新课

1. 展示少数民族礼仪

以小组为单位，分别介绍藏族、维吾尔族、蒙古族、回族等的礼仪习俗与禁忌。

小组一：藏族礼仪习俗

敬献"哈达"是藏族人对客人最普遍、最隆重的礼节。献的哈达越长越宽，表示的礼节也越隆重。对尊者、长辈，献哈达的时候要双手举过头，身体略向前倾，把哈达捧到座前。对平辈，只要把哈达送到对方手里或手腕上就行；对晚辈或下属，就系在他们脖子上。如果不鞠躬或用单手送，都是不礼貌的。接受哈达的人最好做和献哈达的人一样的姿势，并表示谢意。

藏民对客人有敬献奶茶、酥油茶和青稞酒的礼俗。按照藏族习俗，主人敬献酥油茶、青稞酒，客人不能拒绝。

在准备告辞时，不可将茶喝干，碗底一定要留点茶底。

通常，藏族人家忌讳别人用手抚摸佛像、经书、佛珠和护身符等圣物，认为是触犯禁规，对人畜不利。

小组二：维吾尔族礼仪习俗

维吾尔人非常重视礼貌，接待见面，习惯把手按在胸部中央，把身体前倾30度或握手，并连声说"您好"。客人席地而坐，不要双腿直伸，脚底对着别人。

到维尔吾族人家里做客，进门前和用餐前女主人要用水壶给客人冲洗双手。维吾尔族对清真食品有严格的要求，就餐时应尽量避免提非清真食品。

小组三：蒙古族礼仪习俗

蒙古族牧民十分热情好客、讲究礼仪，和藏族一样有献哈达的礼俗。请客人进入蒙古包时，总是立在门外西侧，右手放在胸部微微躬身，请客人先走。客人跪坐后，主人按浅茶满酒的礼俗热情敬献上奶茶和美酒，并把哈达托着献给客人。

小组四：回族礼仪习俗

回族人尊敬长者，非常注意并尊重别人的自尊感。"阿訇"是清真寺教务主持，非常受穆斯林和回族人的尊敬。回族的日常饮食很注意卫生，凡有条件的地方，饭前、饭后都要用流动的水洗手。在饮食方面，同样对清真食品有严格要求，禁止抽烟、喝酒，禁止用食物开玩笑，不能用禁忌的东西作比喻等。

2. 比一比，谁知道得多

擂台赛——小组成员分别表演某一个少数民族的礼仪形式，其他组抢答这是哪一个少数民族的礼仪，同时表演在该少数民族家里的做客礼仪。

献哈达——藏族、蒙古族
手按在胸部中央，把身体前倾30度——维吾尔族
路遇老人要主动打招呼、让路——壮族
行抱腰接面礼——满族
……

3. 查一查历史渊源

【七擒孟获】223年，南中四郡起兵反叛蜀汉，孟获是当时南

（教师）
笔记

中地区的大姓豪强，深为当地民众信服。时任蜀国丞相的诸葛亮决定亲自平定南中叛乱，他听说孟获为当地人所信服，便想通过生擒迫使他归顺，从而达到收服南中民心的目的。因此，每次诸葛亮俘虏孟获之后，都将他放走再战。七擒七纵以后，诸葛亮仍要放他走，孟获及其他土著首领终于对诸葛亮彻底信服了，不肯离去。蜀军成功平定叛乱，诸葛亮重用孟获，并大量启用当地少数民族上层人士。自此，南中再没有发生叛乱。

【文成公主入藏】641 年，唐太宗派人护送文成公主入吐蕃同松赞干布结婚。汉藏联姻促进了民族团结，特别是对藏族经济、文化等的发展起了积极的作用。当时汉族的纺织、建筑、造纸、酿酒、制陶、冶金、农具制造等先进生产技术，以及历法、医药等都陆续传入了藏族地区。同时，汉族也吸收了不少藏族的文化。

（三）小结

我国是一个多民族国家，56 个民族 56 朵花，装点着美丽的民族大家庭。在我国多民族大家庭中，每个民族都以自己特有的民族文化为中华文化做出了贡献。在几千年的历史变迁过程中，各民族之间形成了"你中有我，我中有你"的亲密关系。"祖国统一、民族团结，是各族人民之福；祖国分裂、民族离乱，是各族人民之祸。"

五、教学反思

以小组活动的形式，使每个学生都参与到课堂教学中，寓教于乐，形式活泼、生动，学生易于接受和理解。

学生查阅到的资料有些零散，如果能以地域为界划分小组，这样的课堂的内容会更丰满、更有代表性。

六、教学资源

（1）全国文化信息资源共享工程，http：//www.ndcnc.gov.cn。

（2）国家民委门户网站，http：//www.seac.gov.cn。

（3）北京市海淀区民族小学编著：《民族习俗教育读本》，北京，民族出版社，2011。

初三年级

统一的多民族国家

一、教材中的位置

本节采自《义务教育课程标准实验教科书·思想品德》九年级（全一册），第三课《认清基本国情》，主题三《统一的多民族国家》，第 41 页。

二、民族团结教育切入点

本节以表现民族情谊的一则小故事为切入点，引出我国处理民族关系的三个原则，使学生认识到民族问题的重要性，增强学生维护民族团结的意识和维护国家统一的责任感。

三、教学目标

（1）以民族情谊小故事为切入点，引导学生逐步了解我国处理民族关系的三个原则，并分析和理解各项原则的基本内涵以及重要意义。

（2）提高学生对民族问题重要性的认识。

（3）提高对处理民族关系三原则的认同。

（4）增强学生维护民族团结和国家统一的责任感，以及从自己做起、践行这一义务的决心。

（教师）
笔记

四、教学设计

（一）导入

展示少数民族图片，将话题引向主题。

教师：历史告诉我们，在960万平方公里的土地上，我国各民族的祖先共同开垦这片土地，共同繁衍生息几千年。在不断的迁徙、融合中，形成了今天你中有我、我中有你的亲缘关系。

（二）新课教授

1. 学生展示环节

教师：本节课之前，老师布置了作业。要求大家搜集能够表现民族情谊的小故事和图片。因为时间有限，今天我们请四位同学发言，和大家一起，分享他们的作业成果，分享他们的感动。

第一位同学展示《旦珍和少数民族文字》的故事，第二位同学展示《青藏铁路和建设者》的故事，第三位同学展示《心蕾工程中的新疆小姑娘》的故事，第四位同学展示《铁汉才娃》的故事。

2. 分享体会环节

教师：感谢四位同学的发言。通过同学们搜集到的这些资料，请大家概括一下，新中国成立以后，我国形成了怎样的民族关系？

学生：互帮互助、各民族之间共同发展、汉族与少数民族是相互离不开的关系……

3. 解读环节

教师：同学们所感受到的这种民族情谊、民族关系，已经被写入到宪法和法律当中了，成为处理民族关系时必须要遵守和坚持的三个原则。这三大原则为民族平等、民族团结、民族共同繁荣。

初二时我们已经学习过了法律常识，下面有请一位同学站在法律的角度给大家解读宪法第四条的规定："中华人民共和国各民族一律平等。"

学生：各族人民都是国家的主人，依法平等地享有政治、经济、文化和社会等方面的权利，依法平等地履行应尽的义务。

【PPT展示素材】

（1）历届全国人大都有少数民族代表参加；（2）西部大开发战略的实施；（3）少数民族大专院校的建设。

教师：这些材料中说明了少数民族同汉族一样平等享受哪些权利？

学生：政治权利、文化发展的权利、经济发展的权利……

教师：人们常常把56个民族之间的关系，比作是亲如手足的关系。在我们这个大家庭中如果有一个成员遇到困难，其他成员都会倾尽全力去帮助他。

我们班的一位同学，在搜集民族情谊小故事的时候，找到了这样一组图片（展示汶川地震中抗震救灾的感人照片）。

一位新加坡联合早报的记者曾经这样评价我们——大灾过后，排着队等待为同胞献血的民族，一定是一个摧不垮的民族。

可见"民族团结"的内涵就是"和睦相处、友好往来、互相合作、共同奋斗，谁也离不开谁"。民族团结是一份巨大的力量，是一笔宝贵的财富。"民族共同繁荣"主要是指各民族共同发展，这是由我们社会主义国家的本质决定的。

4. 例证环节

教师：1993年，国家领导人提出"民族、宗教无小事"，你是如何理解这一观点的？纵观波黑战争事例、吉尔吉斯斯坦南部种族暴力冲突事件……这些事例带给我们什么启示？

学生：民族问题处理不好，会影响到社会的安定、生活的幸福、经济建设的平稳运行。

教师：当今社会，一个国家民族的凝聚力已成为衡量这个国家综合国力的一个综合指标。民族团结是衡量一个国家综合国力的重要标志之一，是社会稳定的前提，是经济发展、社会进步的保证，是国家统一的基础。

（教师）
笔记

5. 讨论环节

巩固民族关系，从身边做起。请以小组为单位，为班级或学校的民族团结工作出谋划策。

五、课后反思

（一）利用好课堂主阵地，加强民族团结教育

人类社会的发展，既带来了经济、政治、文化的进步，同时也带来了前所未有的新局面、新问题、新困惑。在国际社会中，无论是其他国家的发展经历，还是我国自身的发展实情，都在警示我们，民族问题越来越成为影响国家统一、民族团结、社会安定、人民安居乐业的重大问题。民族问题的特点为具有长期性、重要性、复杂性、敏感性。

如何利用好课堂，对广大中学生进行民族团结教育，不仅成为学校教育的重要课题，也是社会发展的当务之急。

民族团结教育重要，经过这一次的课堂设计与实践，证明了只要选择恰当的方式和手段，从学生实际出发设计课堂教学，在中学生中进行国情教育、宣传国家的民族政策，是可行的，而且会立竿见影地收到实效。

（二）选好着力点，是上好本节课的关键

开始准备这节课，教师收集了很多与该内容相关的素材，反反复复地设计，努力地想把所有的内容都呈现给学生，努力地想扩充课堂容量。但试讲下来，效果非但不理想，而且显得杂乱、主题不突出，抓不住学生。后来，我对原来的设计进行了调整，其中最重要的，就是对融入点的调整。

知识上呈现和讲解，仅仅是在"什么是"层面上解决了学生的困惑，而为什么一定要坚持我国的民族政策和原则，才是启发学生对民族问题进行深刻思考的关键，是进行民族团结教育的突破口，也是使学生从情感上认同我国民族政策的最佳切入点。所以在整体设计中，我以民族情谊小故事展示为平台，突出了新中国成立后，民族政策的落实所带来的少数民族的进步与发展，突出了少数民族文化的璀璨和多彩，加强了国内外民族问题的对比。让事实说话，使得学生感悟民族问题的重要性，理解我国民族政策。

通过这节课的设计和修改，我切实体会到了民族教育走进课堂

的重要意义，意识到了作为一名政治课教师，在加强民族团结教育方面的责任与使命。当少数民族学生真诚而动情地说"我感觉生活在一个多民族的大家庭中十分幸福"时，我知道为这节课所付出的所有努力与准备，都是值得的。

六、教学资源

（1）全国文化信息资源共享工程，http：//www. ndcnc. gov. cn。

（2）国家民委门户网站，http：//www. seac. gov. cn。

（3）北京市海淀区民族小学编著：《民族习俗教育读本》，北京，民族出版社，2011。

中华文化与民族精神

一、教材中的位置

本节采自《义务教育课程标准实验教科书·思想品德》九年级（全一册），第二单元第五课《灿烂的中华文化》，第 64 页。

二、民族团结教育切入点

本节以博大精深、源远流长的中华文化为主题，探讨了我们自己眼中的中华文化以及中华文化的特征，使学生深刻感受到中华文化的无穷魅力，增强了对中华文化的热爱和对民族精神的追求。

三、教学目标

（1）通过自己动手搜集相关材料，初步了解中华文化源远流长、博大精深的特点。

（2）使学生通过"我们眼中的中华文化"的展示活动，加深对中华文化特征的理解，感受中华文化的无穷魅力。

（3）增强学生对中华文化的认同感和自豪感，使学生更加热爱中华文化，并自觉传承中华优秀民族文化，践行中国的民族精神。

四、教学设计

首先，从生活入手，通过教育部公布的《留学中国计划》提出问题，引发思考，激发兴趣。

其次，学生分组展示课前收集的"我们眼中的中华文化"，教

（教师）
笔记

（教师）笔记

师对学生的活动进行点评。

最后，总结归纳，感悟升华，引发思考：作为一名中学生，我们能为传承中华文化做哪些力所能及的事情呢？

教师：近年来，随着中国经济的腾飞和国际地位的崛起，让世界了解中国的渴望更加迫切，随着国门的开放，越来越多洋人走进中国，在中国教育部日前刚刚公布的《留学中国计划》中，到2020年，中国将力争成为亚洲最大的留学目的地国，届时全年在内地高校及中小学校就读的外国留学人数将达到50万人次。是什么吸引越来越多的外国人来到中国呢？是中华文化的博大精深。

下面请大家分组展示"我们眼中的中华文化"。

第一组展示：中华文化中独具特色的汉字、丰富无比的史书典籍

1. 图片：甲骨文—金文—篆书—隶书—楷书—草书—行书	
2. 史书典籍考考你：	
第一部编年体史书——《春秋》	第一部纪传体通史——《史记》
第一部国别体史书——《国语》	第一部断代体史书——《汉书》
第一部编年体通史——《资治通鉴》	第一部诗歌总集——《诗经》
第一部语录体儒家经典散文作品——《论语》	第一部著名的戏曲作品——关汉卿的《窦娥冤》
第一首长篇叙事诗——《孔雀东南飞》	第一部长篇讽刺小说——吴敬梓的《儒林外史》
第一首长篇抒情诗——《离骚》	第一部日记体游记——徐宏祖的《徐霞客游记》
第一部科普作品——沈括的《梦溪笔谈》	第一部水文地理专著——《水经注》
第一部军事著作——《孙子兵法》	第一部浪漫主义神话小说——吴承恩的《西游记》

教师点评：第一小组的同学，为我们展示了中华汉字的变迁及大量的史书典籍，这些都是我们中华文明的重要标志。尽管汉字的字体不断演变，但始终没改变"方块字"的特色，这独具特色的"方块字"，内涵丰富，忠实地记录了中华文明五千年的光辉历程。在维系我们民族的团结，维系国家的统一以及传承中华文明的过程中，汉字发挥了巨大作用，至今仍为各族人民所通用。

不仅如此，汉字还是举世公认的最具有艺术价值的文字，汉字书法艺术在世界上更是独树一帜、举世无双，值得任何一个炎黄子孙引以为豪。汉字也是举世公认的易阅读值最高的文字，我们爱国，也要热爱我们祖国的语言文字。他们所介绍的史书典籍则是我们中华文化一脉相传的重要见证，我国的史书典籍，留存之丰，世界仅有。我们的中华文化更是源远流长。

（教师）笔记

第二组展示：中华文化之丰富内容

1. 中华文化之建筑篇——苏州园林、赵州桥、承德避暑山庄等。

2. 中华文化之瓷器篇——两岸故宫珍藏。

3. 中华文化之文学艺术篇——"四大名著"、书法、绘画等。

4. 中华文化之科技篇——"四大发明"与世界文化遗产都江堰等。

教师点评：中华文化的内容极其丰富，第二小组的同学只是为我们展示了其中建筑、文学、艺术、科技等最具代表的一部分，但从中我们已经领略到了我们中华文化的独树一帜与博大精深。

第三组展示：中华文化之民族文化

1. 闻名世界的石窟艺术——敦煌石窟、云冈石窟、龙门石窟、克孜尔千佛洞，是古代的汉族、鲜卑族、吐蕃族以及西域的艺术家和劳动人民共同创造的。

2. 三大英雄史诗——藏族的《格萨尔王传》、蒙古族的《江格尔》、柯尔克孜族的《玛纳斯》。

3. 图片——独具特色的民族服饰。

4. 图片——独具特色的民族节日与民族饮食文化（少数民族同学介绍自己民族的传统节日，涉及满族——添仓节、回族——开斋节、朝鲜族——上元节等）。

教师点评：我国是一个统一的多民族的国家，各具特色的民族文化异彩纷呈，各民族都对我们中华文化的形成和发展做出了重要贡献，少数民族文化是我们中华文化之瑰宝。

例如同学们介绍的旗袍，是我国一种富有民族风情的女性服装，由满族妇女的长袍演变而来。由于满族称为"旗人"，故将其称为"旗袍"。旗袍作为长期的历史发展中各民族文化相互交融与促进的结晶，被当代国际服装界誉为"东方女装"的代表。

(教师) 笔记

第四组展示：中华文化之典型代表人物及成就

1. 思想家——孔子（世界五大文化名人之一）、孟子。
2. 军事家——孙膑、孙武。
3. 文学家——李白、曹雪芹。

教师点评：第四组的同学为我们选取了古代中华文化的典型代表，他们虽然只是我们中华文化百花园中的一分子，但他们的思想、成就，对我国乃至对人类的进步和世界文化的发展都产生了深远的影响。这也是为什么有那么多的"老外"对我们中国文化感兴趣的原因，根据不完全统计，全球109个国家超过3000多所大学在教授中文，全球学习汉语的外国人已超过1亿。

总结归纳：浩如烟海的文化典籍、名扬世界的科技工艺、异彩纷呈的文学艺术、充满智慧的中国哲学、完备而深刻的道德伦理等，共同组成博大精深的中华文化。我们学习中华文化，在实际生活中就是尊重、传播我们的民族文化。作为一名中学生，我们要为传承中华文化做我们力所能及的事情。

五、教学反思

中华民族是多民族的共同体，中华各族人民共同创造的中华文化源远流长，博大精深。

本节课通过学生"我们眼中的中华文化"展示活动，不仅使学生感受了中华文化的巨大魅力，也使学生领略了中华民族大家庭中各个兄弟民族的特色文化，让他们从一个侧面感悟在中华文化形成、发展过程中的各民族所做的贡献。从而体会中华文化是我国各族人民在长期历史过程中共同创造的，进而培养热爱中华民族、热爱中华文化的情感。

本课教学资源丰富，如何取舍、如何合理并高效地利用各种资源是在今后的教学中需要进一步研究的。

六、教学资源

（1）何德修编著：《江格尔传奇》，乌鲁木齐，新疆青少年出版社，2006。

（2）索南吉、索南多杰编著：《千古奇唱——中国史诗〈格萨尔〉》，哈尔滨，黑龙江人民出版社，2011。

（3）阿地里·居玛吐尔地编著：《〈玛纳斯〉史诗歌手研究》，北京，民族出版社，2006。

（4）苏日娜编著：《少数民族服饰》，北京，中国社会出版社，2008。

（5）季诚迁编著：《少数民族节日》，北京，中国社会出版社，2008。

（教师）
笔记

历　史　篇

初一年级

土尔扈特回归祖国

一、教材中的位置

本节采自《义务教育课程标准实验教科书·历史》七年级（下册），第三单元《统一多民族国家的巩固和社会的危机》，第十九课《统一多民族国家的巩固》，第 111～112 页。

二、民族团结教育切入点

本节以清朝时期的土尔扈特部杰出首领渥巴锡带领土尔扈特部蒙古族族人回归祖国的事件为切入点，讲授了少数民族人民为中国民族的统一作出的巨大贡献。土尔扈特部回归后，不仅摆脱了沙俄的奴役，还受到清廷的热情接见和妥善安置，为边疆的稳定贡献了力量，同时也是民族团结的范例和典型。

三、教学目标

（1）使学生了解土尔扈特部东归的基本史实。

（2）使学生感受渥巴锡和蒙古族土尔扈特部人民坚忍不拔的精神，赞叹其爱国主义行为。

（3）通过了解土尔扈特部回归祖国及清廷的妥善安置等史实，让学生进一步认识到我国统一多民族国家的巩固是历史发展的主流，各族人民在共同缔造统一的多民族国家过程中，都作出了重要的贡献。

四、教学设计

（一）导入新课

教师：前面同学们介绍了北京的黄寺，由此我们一起学习了清朝中央政府对西藏（藏族）达赖、班禅的册封和驻藏大臣的设置等内容；之后同学们又介绍了新疆的伊犁将军府，了解了乾隆皇帝平定大小和卓叛乱、设置伊犁将军，加强了对西北地区的管辖等内容。下面我要给同学们介绍另一个新疆的地点。

（出示图片照片：新疆和静镇街心公园、英雄纪念碑雕像）

教师：这是我在新疆和静旅游时拍到的照片。你们知道这个纪念碑雕像是为了纪念谁吗？

学生：（略）

教师：大家看纪念碑上的题词"民族英雄渥巴锡"。

学生：渥巴锡。

教师：对，他就是蒙古族土尔扈特部杰出首领渥巴锡。你们知道他为什么又被称之为"东归英雄"？

学生：他率领土尔扈特部人民回归祖国。

（二）新知识介绍

教师：首先让我们认识一下土尔扈特部。土尔扈特是我国蒙古族的一支，以游牧为生，明朝末年西迁到伏尔加河下游。他们刚刚在这个有极好的天然牧场的理想乐园中定居下来，沙俄的侵略魔爪就伸到了这里，但是生性刚强的土尔扈特人从未停止过对沙俄的反抗和斗争。

渥巴锡出生在伏尔加河边，是蒙古土尔扈特部第七代首领。沙俄政府趁他还未成年，强行控制土尔扈特部之下的权力机构——王公会议，派特使直接管辖。并强迫土尔扈特人信奉东正教，强行征召土尔扈特人入伍等。

乾隆三十二年（1767 年），渥巴锡曾酝酿返归中国，因内奸泄密未能成行。在沙俄强征下，次年渥巴锡忍辱负重，亲率 2 万士兵到高加索参加对土耳其的战争，以麻痹沙俄当局。在沙俄种种的剥削压榨下，渥巴锡所领导的土尔扈特部面临着两种选择：一是甘心受摆布，直到被沙俄最终灭族；另一条路就是拿起武器反抗，回归祖国的怀抱。

（教师）笔记

其实长期以来，土尔扈特部一直没有中断同祖国的密切联系，经常遣使入国交流，而清政府也曾在1714年派遣使者图理琛一行远赴土尔扈特部表达慰问。所以，他们虽然远离故土，却时刻思念着故土和亲人。在外敌的长期侵袭下，摆脱沙俄的压迫、重返祖国故土就成了土尔扈特人的夙愿。乾隆三十五年秋，渥巴锡自土耳其战场回来，再次秘密召集六首领会议，通过东迁计划及宣誓，计划逃出沙俄魔掌返回中国。

当时只有28岁的年轻首领渥巴锡，面对强大的沙俄和恶劣的自然环境，要率领着二十多万男女老少的土尔扈特人向东返回祖国，谈何容易？尽管困难重重，甚至是面临死亡，坚定的归国决心支撑着他们毅然决然地东归！

渥巴锡率领16.9万余人于1771年1月5日，在"我们的子孙永远不当奴隶，让我们到太阳升起的地方去"的悲壮誓言声中，分三路浩浩荡荡踏上了举世闻名的土尔扈特东归祖国的万里行程。沙俄闻讯后，立即派军数万追杀，同时策动沿途的游牧部众阻截。

在亚欧分界线乌拉尔河畔，土尔扈特后卫部队万余人与沙俄哥萨克骑兵展开血战，不幸全部壮烈牺牲。

1771年7月15日，渥巴锡率领的土尔扈特部终于回到祖国怀抱。8个月的残酷战斗、艰难跋涉，加之饥寒交迫、瘟疫流行，幸存者仅7万余人，牺牲人数近10万。

（教师可以选播《东归英雄传》片段，其中出示有《土尔扈特部东归路线图》）

教师：同学们，土尔扈特人做出如此之大的牺牲，值不值得？是什么原因让他们非要坚持回归？

学生：（讨论并回答）如沙俄的欺压、土尔扈特人的决心、渥巴锡的领导、清廷的感召等因素。

教师：同学们回答得都很好，能不能在这些基础上概括出直接原因和根本原因？

学生：直接原因是沙皇俄国的侵略压迫，根本原因是中华民族的凝聚力。

教师：对，在中华民族的凝聚力感召下，他们忍受着巨大的战争伤亡、疾病和饥饿，怀着一颗对祖国炽热的赤诚之心，勇敢地向着东方、向着祖国的方向前进。1771年1月5日和7月15日真是个值得纪念的日子！渥巴锡是个坚忍不拔、智勇双全的民族英雄！

损失过半、衣衫褴褛、精疲力竭的土尔扈特人踏上中国土地后，清政府是怎样对待他们的？

学生：他们遇到了前来迎接他们回家的清军，渥巴锡还得到了清朝伊犁将军的接见。清廷将渥巴锡及其部众安置于伊犁附近，划定牧场，赐予牛羊毡房等，使其得以休养生息。为褒奖回归，1771年9月，乾隆在承德避暑山庄接见并赐宴渥巴锡等人。

教师：乾隆帝为此还亲自撰写碑文《土尔扈特全部归顺记》，以永久纪念，并封渥巴锡为卓里克图汗。回归的土尔扈特部得到了妥善的安置。

现在蒙古族的土尔扈特人仍生活在我国境内，主要在新疆、内蒙古等地。不仅有自己民族相对集中的聚居地，而且与新疆等地各族人民杂居融合在一起。虽然已经过去了240年，但渥巴锡率领土尔扈特部民族大迁徙的东归壮举仍然被后世所传扬。如这段历史被画成了画、写成了书、搬上了银幕，新疆的和静县伫立着渥巴锡纪念雕塑，和静县还建立了民族博物馆等。

教师：同学们，看看书上112页《清朝疆域图》，结合这节课所学史实，你又作何感想？

学生：无论是民族首领渥巴锡还是一国之帝乾隆，无论是清廷的官员还是普通的百姓，他们都有着中华民族的血脉情结。我国统一多民族国家的巩固是历史发展的主流，各族人民在共同缔造统一的多民族国家过程中，都做出了重要贡献。

五、教学反思

1. 拓展教学资源

在教学中充分利用身边的教育资源，如北京的黄寺、师生旅游时拍下的伊犁将军府和和静等地的照片及介绍，使学生认识到历史就在我们身边，学会注意观察生活、善于思考。

2. 教育润物无声

力争在历史教学中，通过教师或学生的教学活动，如具体的史实描述、问题思考、视频观看等，做到教育的感染、熏陶和潜移默化。

3. 事实胜于雄辩

历史、现实、个人、民族、国家等概念与联系的理解，对于初中学生来讲还是有难度的。历史教育融入民族精神教育总是离不开史实的，因此要以史实为依托，如渥巴锡的个人介绍、土尔扈特部东归史实、清廷的妥善安置、后人的评价等，学生自然而然地会感受到并得出结论。

六、教学资源

（1）电影或电视剧资料：《东归英雄传》。

（2）承德普陀宗乘庙：乾隆帝亲自撰写的《土尔扈特全部归顺记》和《优恤土尔扈特部众记》两碑。

（3）中子著：《渥巴锡大汗》，北京，民族出版社，2006。

地　理　篇

初一年级

中国地形特征

一、教材中的位置

本节采自《北京市义务教育课程改革实验教材·地理》七年级（下册），第六章《中国的自然环境》，第一节《地形特征和主要地形区的分布》，第19~22页。

二、民族团结教育切入点

了解少数民族集中分布区的地形特点，再同我国其他地区的地形相比较，在分析其对少数民族经济发展影响的基础上，进一步理解我国民族政策制订和实施的意义。

三、教学目标

（1）学生利用分层设色地形图，总结我国地形的主要特点。

（2）阅读资料，在讨论中概括出不同地形区对人们生产生活的影响。

（3）尝试将"中国地形图"与"中国民族分布图"进行叠加，分析少数民族集中分布区地形条件对其生产活动的影响，体会我国少数民族政策制定和实施的深层意义。

四、教学设计

教师：我国地形的特点可以概括为两句话：地形多种多样，山区面积广大；地势西高东低，大致呈阶梯状分布。这种地形除了对我国气候、河流产生深刻影响外，也直接影响着不同地区人们的生产生活。

(教师) 笔记

小组活动：以小组为单位，利用《中国民族分布》图，完成下列任务。

（1）填入我国三级阶梯分界山脉。

（2）在各阶梯内部填出主要地形区名称。

（3）讨论少数民族集中分布区主要分布的地形类型。

（4）概括这种分布对少数民族地区经济发展会带来的影响。

教师：同学们通过积极地研究已经得出结论，许多少数民族生活在山区，这对他们经济的发展起到了一定的阻碍作用，包括交通闭塞、文化交流与沟通有限……这些都使少数民族地区的发展暂时落后。作为中华民族大家庭的一员，我们应该如何帮助他们呢？

学生：因为自然原因，一些少数民族地区的经济、社会发展与东部地区存在一定差距，所以国家给予一定的政策倾斜，在基础设施等方面给予一定援助是当然的选择。

五、教学反思

民族团结教育的起点在于对民族相关知识的学习，地理教材中"中国的民族"部分内容，平铺直叙地讲解了少数民族的主要分布地区和我国的民族政策，学生往往不能深刻地理解其内涵。

在本课的设计中，力图将"中国地形分布"图与"中国民族分布"图相叠加，使学生从地形角度进一步了解少数民族分布地区的自然条件。

在小组讨论过程中，深入理解少数民族发展中可能面临的问题，一方面调动了学生的积极性，另一方面在学生积极思考的过程中，在一定程度上深入理解了我国民族政策制定的缘由，将民族团结教育融入了课堂教学中。

六、教学资源

（1）全国文化信息资源共享工程，http：//www. ndcnc. gov. cn。

（2）国家民委门户网站，http：//www. seac. gov. cn。

（3）北京市海淀区民族小学编著：《民族习俗教育读本》，北京，民族出版社，2011。

初二年级

地方文化特色

一、教材中的位置

本节采自《北京市义务教育课程改革实验教材·地理》七年级（下册），第八章《中国的地方文化特色和旅游业》，第一节《地方文化特色》，第 75～78 页。

二、民族团结教育切入点

本节以各地区民族的特色民居建筑为切入点，介绍了各地与其地理环境相对应的民居房屋特点，体现人类活动与所处自然环境的关系，理解并尊重文化差异。

三、教学目标

（1）使学生能够识别各个民族有特色的民居建筑，并能判断出各自所处的地理环境。

（2）学生通过阅读各民族民居照片，学会分析其与所处地理环境的关系。

（3）使学生初步理解并尊重各民族的文化特色。

四、教学设计

【PPT 展示】三类少数民族特色民居（图片略）

（1）吊脚楼是苗族等民族传统民居，在湘西、鄂西、贵州地区的吊脚楼特别多。吊脚楼最基本的特点是正屋建在实地上，厢房除一边靠在实地和正房相连，其余三边皆悬空，靠柱子支撑。吊脚楼有很多好处，高悬地面既通风干燥，又能防毒蛇、野兽，楼板下还可放杂物。吊脚楼多依山就势而建，在平地上用木柱撑起分上下两层，节约土地，造价低廉。下层是猪牛栏圈或用来堆放杂物；上层通风、干燥、防潮，是居室。上层居室设有火塘，一家人就围着火塘吃饭，家人多在此做手工活和休息，同时这儿也是接待客人的地方。

（2）傣族竹楼的平面呈方形，底层架空多不用墙壁，供饲养牲畜和堆放杂物。楼上有堂屋和卧室，堂屋设火塘，是烧茶做饭和家人团聚的地方。外有开敞的前廊和晒台，前廊是白天主人工作、吃饭、休息和接待客人的地方，既明亮又通风；晒台是主人盥洗、晒衣、晾晒农作物和存放水罐的地方。

（3）蒙古包是蒙古族牧民居住的一种房子。蒙古包呈圆形尖顶，顶上和四周以一至两层厚毡覆盖。普通蒙古包，顶高 3.2 米左右，墙高 1.8 米左右，雨季要搭得高一些，风季要搭得低一些。蒙古包门朝南或东南开，室内空气流通，采光条件好，冬暖夏凉，不怕风吹雨打。

教师：请同学们对三种民居的特点进行介绍，并在《中国政区图》中指出其所在地区。为什么不同地区会出现不同风格的民居呢？

学生根据教师提供的《中国地形图》、《中国气候分布图》分小组讨论，分析三类民居特点与所处地理环境的关系，最后由小组代表发言。

学生甲：在贵州，苗族大多居住在高寒山区，山高坡陡，平整、开挖地基极不容易，加上天气阴雨多变，潮湿多雾，砖屋底层地气很重，不宜人居。因而，苗族构筑这种通风性能好的干爽的"吊脚楼"作为居室。

学生乙：傣族聚居地区多为平原地区，属于热带气候，雨量充沛，年平均温度达21℃，没有四季的区分。另外，由于该地区盛产竹材，所以许多住宅用竹子建造。竹楼一防潮湿，二散热通风，三可避虫兽侵袭，四可避洪水冲击。因为这里每年雨量集中，常发洪水，楼下架空，墙又为多空隙的竹篾，所以很利于洪水的通过。

学生丙：蒙古包具有制作简单，便于搬运、御风寒、适牧等特点，建造和搬迁都很方便，非常适于经常转场放牧居住和使用。

教师：我国幅员辽阔，各地区自然环境差异很大，少数民族在生产生活过程中，发挥聪明才智，充分利用当地的自然条件，逐步形成了风格鲜明、形式多样的民居，为中华民族的建筑艺术添上了一抹亮色。

（教师）笔记

五、教学反思

随着我国经济的发展，越来越多的学生有机会外出旅游。这一方面开阔了视野，增长了知识；另一方面，也使他们更多地了解各民族的文化差异。如何引导学生正确看待这种差异，一直是教师思考的问题。

在本课的设计中，以知识为载体，使学生在搜集资料、探究学习的过程中，逐步清晰地认识到各民族文化与所处的地理环境、所从事的生产活动特点密切相关，是历史发展过程中各民族智慧的结晶，从而为他们客观地看待少数民族文化，理解并尊重各民族间文化的差异打下知识基础。

同时，介绍了各地与其地理环境相适应的民居房屋特点，体现人类活动与所处自然环境的关系，理解并尊重各民族习俗。

六、教学资源

（1）http：//www. baidu. com.

（2）http：//www. tibet. cn.

（3）http：//www. truexinjiang. com.

（4）http：//www. chinaculture. com.

初三年级

青藏地区的交通建设

一、教材中的位置

本节采自《北京市义务教育课程改革实验教材·地理》八年级（上册），第九章《中国的区域差异》，第二节《青藏地区》，第33～36页。

二、民族团结教育切入点

本节以青藏铁路的修建目的、修建过程、发挥的作用为切入点，联系青藏地区的地质、气候环境，让学生真切感受到我国的民族政策在近年来对少数民族地区经济社会发展所产生的推动作用，也说明青藏铁路的铺设对于青藏地区的重要意义。

三、教学目标

（1）使学生了解青藏地区的地质、气候环境。

（2）使学生了解青藏铁路的修建目的、修建过程和所发挥的作用。

（3）学生通过搜集青藏铁路的相关资料，了解青藏铁路修建的不易和对青藏地区发展所起的作用。

（4）使学生真切感受到我国民族政策的实施对促进少数民族地区经济社会发展的重要作用。

四、教学设计

教师：青藏地区有着独特的民族风情，拥有丰富的各类资源，但由于特殊的地理环境，长期以来只能依靠公路与外界沟通，运用你所学的交通知识，要想促进青藏地区经济快速发展，应该重点建设哪类交通运输方式呢？

学生：铁路运输。

教师：正是为了带动青藏地区更快更好的发展，国家先后投入300多亿元，修建了青藏铁路。青藏铁路全长1956公里，东起青海西宁，西至拉萨。2006年7月1日全线通车，是实施"西部大开发战略"的标志性工程，中国新世纪四大工程之一。

根据同学们所学的地理知识和青藏地区的地理特征，在铁路修建过程中会遇到哪些困难呢？

学生：（略）。

（学生代表介绍修建青藏铁路过程中的感人故事。）

教师：这条用智慧和汗水铺就的线路，为青藏地区带来了巨大的变化。下面请同学们阅读以下材料：

青藏铁路全线贯通，对改变青藏高原贫困落后面貌，增进各民族团结进步和共同繁荣，促进青海与西藏经济社会又快又好发展产生了广泛而深远的影响。

（1）有利于促进西藏工业、旅游业等产业的发展，优化西藏的产业结构，实现我国地区经济的平衡、协调发展；有利于西藏矿产资源的开发，发挥资源优势。

（2）有利于降低进出西藏货物的运输成本，提高经济效益。

（3）有利于西藏的对外开放，加强与其他地区及国外的经济交流与合作。

（4）有利于西藏市场机制的发育和人们市场意识的增强，促进经济的发展。

（5）有利于西藏人民生活水平的提高和全国人民的共同富裕。

（6）有利于促进我国各民族的共同繁荣，进一步巩固平等团结互助的新型民族关系。

（7）有利于我国边疆的稳定和国防的加强。

（8）有利于少数民族人民当家作主地位的体现和国家政权的

（教师）笔记

巩固。

因此，修建铁路首要的目的就是要为西藏的经济社会发展提供一个强大的运力支持，同时这一条铁路的建设也可以进一步加强内地和西藏紧密的联系和交流，增强民族团结，保卫国土安全。

学生：阅读资料，概括总结。

教师：进藏物资的运输成本将大幅度降低，可促进青藏经济的持续发展；青藏境内的矿产资源将得到大力开发，可搞活经济、缩小地区差别；青藏地区长期的封闭状态将被打破，可更新观念、促进社会发展；有利于青藏地区旅游业的提升，可为地区经济发展积累资金。综上所述，青藏铁路被藏族人民称为致富之路、民族团结之路。

五、教学反思

随着国家民族政策的实施、资金投入的加大，少数民族地区面貌有了极大的改善，但这些对于学生来说是陌生的。所以在教学中遇到相关知识点，可适当补充一些实例，使学生真实感受到民族地区的发展变化，这对于理解我国的民族政策可以起到事半功倍的效果。

需要注意的是，在课堂教学中一定要鼓励学生参与相关资料的收集，事例本身对学生的感动力量是意想不到的。

六、教学资源

（1）http：//www. baidu. com.

（2）http：//www. tibet. cn.

（3）http：//www. truexinjiang. com.

（4）http：//www. chinaculture. com.

美 术 篇

初一年级

多姿多彩的服装——穿越千年的服装秀

一、教材中的位置

本节采自《北京市义务教育课程改革实验教材·美术》七年级（实验本），第十三册，第八课《多姿多彩的服装——穿越千年的服装秀》，第18页。

二、民族团结教育切入点

通过本课的学习，让学生们从服饰的层面认识我国服饰发展的脉络以及相关各民族的风俗文化，感受并体验服装的民族性和多样性，使学生懂得欣赏服饰美，提高自己在审美上的素养，也加深了对少数民族同胞的了解。

三、教学目标

（1）使学生了解并准确地辨认出各民族服装的特点，懂得服饰美的规律和法则。

（2）提高学生收集资料能力、识图能力和语言表达能力和动手能力。

（3）使学生学会以包容的心态尊重和理解不同民族间的文化传统和风俗习惯，认识到56个民族和谐共处是中华民族大家庭得以延续和发展的重要基石。

四、教学设计

(一) 课前预设

教师课前布置两个任务：一是请同学们到服装店看一看，能否找到现在的服装上面的民族元素；二是请学生们课下通过多种途径搜集一些服装图片和相关少数民族服装资料，了解一些民族习俗、风土人情。

然后分小组研究，每一小组拟定一个主题，将同学们调查、搜集到的民族服饰相关资料整理记录下来。

(二) 课堂教学

【视频展示】多媒体展示一段服装模特表演视频，看到模特们的服饰色彩鲜艳，款式多样，同学们兴致很高。通过模特表演视频带给同学们的强烈视觉、听觉冲击，激发学生学习的兴趣。

教师：人们的生活离不开衣、食、住、行，有很多关于服饰的俗语，如"佛靠金装，人靠衣装"，还有"人靠衣裳马靠鞍"等，充分体现了服装的重要性。我国有 56 个民族，每个民族都有其独特的民族服饰，它是人类最古老的文明之一，服饰的演变记录着民族文明发展的历史。

1. 中华民族服饰的历史与发展
(1) 材料演变
　　①北京人懂得用兽皮来护身体
　　②用野生纤维搓制绳索，制作野生纤维
　　③丝绸
　　④当代多姿多彩的服饰
(2) 样式演变
　　①原始服饰（自然简单）
　　②周商贵族服饰（秩序井然）
　　③秦代服饰（威严庄重）
　　④汉代士兵铠甲（凝重）
　　⑤唐代礼服（丰满华丽）
　　⑥宋代服饰（质朴、保守）

⑦元代贵族便服（粗壮、豪放）

⑧明朝服饰（敦厚、繁丽）

⑨清朝服饰（纤巧）

教师：在中华民族发展的历史长河中，曾经历了不同时期不同朝代，每个时期的历史背景的不同也造就了不同的服饰风格。

以下将展示不同时代服装的独特面貌。请大家辨认一下，这些服饰都是哪个朝代的？（让学生感受到民族元素就在我们身边。）

2. 民族服饰知识多

以小组为单位，每组分别请一位同学作为代表阐述本组研究成果，与大家交流。

教师对每一组的同学提出问题，并引导学生学习关于民族服装的内容。

第一组：汉族服饰

汉族服饰称为"汉服"，主要特点是交领、右衽，洒脱飘逸。汉服有礼服和常服之分，对其他民族服装的改良有着深远的影响。

第二组：不同地域少数民族服装特点

教师提问：为什么不同地域的民族，服装面料质感、薄厚不同？

学生：人们的聪明才智不仅体现在衣服原料的制造上，对于服装的设计也是因地制宜。

我国新疆吐鲁番盆地流传着"早穿皮袄午穿纱，围着火炉吃西瓜"的说法，吐鲁番昼夜温差非常大，气候影响了人们的穿着。

我国青藏高原地区，人们穿皮袄是"山上穿着、山下围着"，这样的服饰特征也与地形、气候有关。

傣族主要分布在我国云南，他们生活在炎热的雨林地带，人们的着装为了便于散热，穿得很少很薄，显示出婀娜轻盈的身姿。

第三组：民族服装的配饰

少数民族的服饰很丰富，从头、肩、颈、胸、腰到背、臀部均有相应配件，主要有帽、披肩、围腰、背牌、胸兜、围裙、绑腿。

（1）头服与头饰体现了各民族不同的文化传统。鄂尔多斯妇女戴的冠帽可谓珠帘垂面。藏族妇女戴"巴珠冠"，最为高贵华丽。

（2）颈部装饰包括：项圈、项链、围巾、领带、领饰。苗族头饰以精美的银质为主，充分表现了苗族少女婀娜多姿的神韵。

（3）腰带是女性点缀服装色彩，塑造形体美的一个重要物件。云南新平的傣族少女因为腰部异乎寻常的装饰而被称为"花腰傣"。

教师：美轮美奂的服装不仅可以活跃在舞台上，在我们的日常生活中，稍加修饰就能释放出独特的光彩。同学们是否知道彝族同胞服装上的红、黑色代表什么？哪个民族的服装色彩厚重？哪个民族的服装色彩清爽？为什么少数民族同胞服装在色彩搭配上总体鲜艳、亮丽？请同学们思考并派代表阐述本组研究结果。

学生：（略）

（三）拓展

【PPT 展示】

（1）品牌迪奥的设计师约翰·加里诺曾使用织锦的手法，让模特穿上绣有龙图案的黄色服装，彰显出恢宏大气的风格。

（2）法国顶尖设计大师伊夫·圣洛朗也曾用提花、织锦、刺绣等布料和编织技巧，在 2004—2005 年秋冬服装发布会上营造出极度奢艳亮丽的中国风情。

（3）日本服装品牌——三宅一生很多裙装的款式也是受到苗族百褶裙的启发而制作的。

教师：请同学们说说你看了以上材料有什么思想呢？

学生：随着时代的变迁，服装也在不断地发展和变化着。我国服装文化历史悠久，内容丰富多彩，并对世界服装文化的发展起了重要的作用。

（四）教师总结

了解了中国古代服饰和少数民族服饰，我们感受到了丰富多彩的中华服饰文化、它们是我国各族劳动人民勤劳智慧的结晶。

尽管中国追求潮流的年轻一代正在冷落传统民族服饰，但这丝毫不影响独具慧眼的国际时尚设计师从丰富多彩的中国少数民族文化中汲取创作灵感。

（五）教学评价

教师对学生们积极投入的学习态度加以肯定和鼓励，同时对学生们查阅的资料适当加以筛选，提炼精华，加深学生的记忆，引导学生在课后深入思考应如何弘扬传统文化。

五、教学反思

为了更加突出学生作为教学主体的能动性，贯穿教师作为主导、学生为主体的思想，让学生们在课堂上最大限度地发挥能量，需要教师和学生课前做大量的准备工作，搜集、筛选、整理与服饰相关的资料、图片。

在课堂上学生们个个都成为服装方面的小专家，看到他们把自己课前已经准备得很充分的材料拿来，并且十分自信地与同学们讨论分享，作为教师，我认为与其说是我教他们，不如说是我引导他们找到答案，在这个过程中我自己也学到了很多新知识。不论是学生还是作为教师的我，对服装，特别是民族服装文化的渊源有了更深的理解。

六、教学资源

（1）新华网：www. xinhuanet. com。

（2）http：//www. 56china. com/2009/0313/1436. html。

（3）http：//baike. baidu. com/view/4437614. htm#sub4437614。

（4）江冰：《中华服饰文化》，广州，广东人民出版社，2009。

（5）袁杰英：《中国历代服饰史》，北京，高等教育出版社，2006。

(教师)
笔记

初二年级

风格多样的插画

一、教材中的位置

本节采自《北京市义务教育课程改革实验教材·美术》八年级（上册），第十六册，第三课《风格多样的插画》，第 10 页。

二、民族团结教育切入点

本节以中国传统连环画中的插画艺术为主题，主要教授这些传统插画艺术的特点。它们将现实与审美有机结合，通过讲述各民族民间故事，歌颂各民族英雄无畏的精神。通过欣赏这些艺术品，培养学生对插画的兴趣及创作的灵感，增强学生对民族艺术的重视和热爱。

三、教学目标

（1）使学生了解插画及其表现形式，懂得插画的功能与应用。

（2）培养学生对插画的兴趣及创作的灵感，提高欣赏艺术品的水平和能力。

（3）通过教师对民族传统插画的挖掘，增强学生对民族文化艺术的自豪感。

四、教学设计

在课前，把学生分组，每组自选一个民族，搜集其民族故事及服饰建筑图片，作为课堂学生创作的素材。

教师：（展示一本杂志）同学们，今天老师带来一本杂志，当老师翻到这一页，你们看到这个版面时，首先吸引你们眼球的是什么？

学生：图片。

（教师）
笔记

【PPT展示】

展示两本连环画——《五朵金花》、《桑金兰错》的封面。

教师：创作一幅插画和创作一幅单独的绘画有什么区别？

学生：单独的绘画，可以有情节性，也可以没有；插画必须有情节性，并且准确地反映这一情节中所涉及的人、事、物等。

【PPT展示】插画介绍

1. 讲述插画的定义：插入到一段文字中间的图画或插入了一段文字的图画叫做插画。

2. 通过《读者》杂志中的插画和《草原之歌》使学生了解插画的两种类型：一是以文字内容为主，图画为辅；二是以图画为主，文字内容为辅。

3. 插画的功能与应用

功能：能增加趣味性，使文字内容更加生动形象，增加艺术感染力。

应用：日记、信件、书籍、报刊、杂志、广告画等。

4. 插画创作最简单的方法：抓住物体的特点形象，用笔在纸上进行简单的线条勾勒。

具体步骤如下：

（1）熟悉故事，选出主要情节，分析主要人物的身份、服饰、所处环境和时代特征。

（2）用铅笔定场景位置，画出天空与地平线（室内墙壁地面线），用基本形画出主要景物。

（3）定出人物位置，按人物大小、前后关系定在画面上。

（4）详细画出各部分。

（5）分析插画颜色的运用（色彩与作品内容有密切关系，插图色彩为表达主题而设；用颜色衬托主体形象，使其突出，可以运用重色衬出淡色或者反之；画面要有主要颜色，其他颜色起衬托作用）。

5. 欣赏作品：《欢乐的金水河边》、《蒙古小姑娘吉玛》、《让荒山开遍了花朵》、《信》、《天山风雪》。

教师：同学们用自己搜集的资料创作一副连环画，并且配以文字。要求：①构图完整，布局合理；②注意图案的替换；③线条流畅；④描绘内容生动。

最后，教师进行作业辅导，学生间互评与课堂总结。

五、教学反思

本课从两个方面着手，培养学生的民族自豪感。

1. 课堂范例

插画类型多种多样，教师选用了一套中国少数民族故事连环画作为范例，既使学生了解插画及其表现形式、功能等，又能培养学生对民族文化艺术的骄傲感。

2. 课前资料收集

课前安排学生分组进行调查，目的是让学生自发自主地学习。在培养学生自主性的同时，激发他们对民族文化艺术的热爱。

通过调查，学生了解了各少数民族的故事、服饰、工艺品及建筑类型等知识。在创作中他们将其融合，更加深入地了解少数民族风俗习惯及优秀品质。最后学生进行互评，在互评中，各民族的风俗习惯被全班同学所接受和了解。

六、教学资源

上海人民美术出版社于 20 世纪五六十年代出版的少数民族故事系列，包括《天山风雪》、《欢乐的金水河边》、《边卡驼铃》、《五朵金花》、《信》等多个故事。

初三年级

优美的人物动态——舞蹈动态速写

一、教材中的位置

本节采自《北京市义务教育课程改革实验教材·美术》九年级，第十七册，第三课《优美的人物动态》，第12页。

二、民族团结教育切入点

人物动态向来是学生比较难掌握的内容。本课结合民族舞蹈中不同民族的外部服装造型、舞蹈者的身体语言和舞蹈动作特点，使学生在欣赏曼妙的民族舞蹈艺术带来的美感的同时，了解民族舞蹈所表现的人物动态的本质。

三、教学目标

（1）知识与技能：认识各民族舞蹈形态的不同特征，掌握运动人物的比例关系、基本重心、动态线等知识。

（2）过程与方法：以探究的方式掌握人物运动的基本规律，感受民族舞蹈演员的肢体语言所带来的美感，并在此基础上用速写形式，通过线条表示人物动态及人物姿势，独立记录人物在舞蹈中的动态变化。

（3）情感态度价值观：欣赏大师的作品，分析画面人物的造型。通过对人物运动基本规律的学习，使学生掌握一定的人物绘画知识，以此激发学生的绘画兴趣，树立正确的审美观。使学生产生对民族舞蹈艺术的欣赏兴趣。

四、教学设计

（一）导入

教师将课前准备的不同形式的舞蹈形象展示给学生，如小型雕塑、绘画作品、蜡染作品等，使学生学习、感受、发现生活中的动态美。

教师：这些艺术形式共同表现的是什么形式？是静态的还是动态的？他们为什么这么生动？舞蹈中瞬间的动态比起静止的人物更为灵动，带有生命的气息，但画起来也具有相当的难度，更难表现。请同学们观看作品，思考且回答问题。

学生：作品分别表现的都是少数民族舞蹈；由于表现的是舞蹈过程中人的动态，因而显得更加生动。

（二）感受动态美

教师展示由画家黄胄画的一组民族舞蹈绘画，请同学们辨认一下。

教师：这是画家黄胄的一组画。黄胄是我国当代杰出的艺术家，擅人物、动物画，是20世纪中后期很有影响的画家之一。他特别擅长表现新疆风情的人物画，创造的人物形象意态生动、简括传神，富有浪漫的生活气息和时代感，开中国画坛一代新风。《新疆维吾尔族舞》描写一位新疆维吾尔族少女在几位乐手的伴奏下翩翩起舞的场景。请问画家如何表现出这位姑娘优美的舞姿？

学生：画家正是抓住一个动作向下一个动作的转瞬间，将姑娘的眼神和手的动作、身体的转向以及头发、衣裙都画得极具动感。后面的几个乐手虽然在画面上占的空间比较小，但同样生动传神。他们的目光投向少女，表现了乐者与舞者的互动，使画面生动起来。

教师：那么这位姑娘的哪些动作让我们看到了新疆舞蹈中与众不同的动态特征呢？

学生：维吾尔族民间舞蹈的基本体态是颤而不窜、立腰拔背，具有微颤的动律、高超的技巧，体现出多变的舞姿，它广泛吸收了西域乐舞的长处。

黄胄曾经说："一个画家离开了对生活的爱，他的艺术生命也就结束了。"黄胄人物画最突出的特点就是激情充溢、大气磅礴。这气魄来自边疆的壮美辽阔和少数民族的豪迈气质，同时也来自黄胄乐观爽朗的性格、蓬勃激越的生命力、对生活的敏感与热爱以及对艺术语言熟练地创造性把握。

黄胄在这幅作品中对细节和动态的精确把握，使这一舞蹈场面具有了扑面而来的鲜活气息，产生了强烈的艺术感染力。问题引发学生的好奇心，进而帮助学生捕捉少数民族舞蹈中的动态美。

（三）理解动态美

教师出示一张孔雀的图片

教师：孔雀是一种很美丽的动物，尤其是它们开屏后的一瞬间让人赞叹不已。大家知道在少数民族大家庭中哪一个民族非常崇拜孔雀吗？
学生：傣族。

在傣族人民心目中，许多人把"圣鸟"孔雀视为善良、智慧、美丽和吉祥、幸福的象征。在种类繁多的傣族舞蹈中，孔雀舞是变化和发展幅度最大的舞蹈之一，也是傣族人民最喜爱、最熟悉的舞蹈。

傣族民间流传着这样一个传说：从前傣族有一个漂亮又高贵的王子，他是许多女孩儿的梦中情人。有一天王子和侍卫一起去打猎，他们追一只兔子追到了湖边，王子看到有七只孔雀从天边飞来，它们绕着湖转圈，舞姿优美地徐徐落下。七只孔雀褪下孔雀魔法羽翼，变成七位漂亮的公主，其中第七个长得最漂亮，舞跳得最好，王子爱上了这位七公主。回到家后王子整天想着这位漂亮的公主，有一天，王子再也忍不住自己的思念，再次来到了湖边，趁她们不注意，偷走了七公主的魔法羽翼，等到其他六位姐姐穿上她们的羽翼飞走的时候，只有这位最小的公主还在寻找自己的衣服，这时候王子走了出来，把衣服还给了这位最漂亮的公主，她也立刻爱上了这位相貌英俊又高贵的王子。他们结婚后，公主教会了大家跳孔雀舞，并教会了他们做孔雀衣，百姓们都很尊敬爱戴她。公主和王子幸福地生活着，一直到最后。

（四）实践部分

教师再出示一张杨丽萍跳孔雀舞的图片让同学们对比，请学生观察其舞蹈是不是很接近真实孔雀的动态，同时又更加美化了呢？然后请一位女同学给大家模仿一下几个很像孔雀的优美动作。

教师：同学们，她的动作美不美？孔雀舞很美，那么它的魅力在哪里？

学生：孔雀舞的动作有着严格要求，其中尤以丰富多样、带有寓意的手形与各种跳跃、转动等舞姿为主，特别是伴随着优美的"三道弯"躯体造型，舞者将孔雀"林中窥看"、"漫步森林"、"饮泉戏水"和"追逐嬉戏"等神态和自然情景塑造得惟妙惟肖。

教师再展示一张自己画的与图片中人物动作相同的速写作品，逐一分析。（层层深入，从欣赏过渡到技法训练阶段）

出示人体运动示意图，并简单讲解如何概括人物动态，人的结构由头、躯干（胸、腹）、四肢构成。（教师用红色笔标出范画中几部分结构）

出示一张孔雀舞演员杨丽萍的动态照片，引导学生分析演员的身型特征。

教师："一个圆""六条线"分别是什么？

学生："一个圆"——头（特点：小）；"六条线"——四肢、颈部、上身躯干。

重心线是舞者在运动过程中身体保持基本平衡的一种隐形控制线。

教师在一张舞蹈照片上画出重心进行分析，教师再次出示两张舞蹈图片请同学们尝试在上面画出重心线。（学生试着画出重心线位置）

教师：人在做不同运动时，身体会发生不同的变化，那么能否有一条体现身体弯曲变化的线呢？哪位同学能用一根线条表示这位舞者的运动姿态呢？（示图）教师演示画动态线。

动态线能更好地帮助学生快速掌握人物态势，能把这"一个圆""六条线"的位置和形态画对，舞蹈演员的身型特点就抓住了，人物动态的整体特点也抓住了。（教师示范带领学生做练习）

头："一个圆"，先确定头的原形形状，注意演员的头稍稍扬起；

颈部：长，用一条线概括，和头接在一起，脖子挺直，好像有根隐形的绳子吊着头部，人会显得很精神；

上身躯干：提醒学生不能概括成完全的直线，由于挺胸收腹动作，所以躯干的线条有弯曲；

双臂：概括成两条直线，画出大臂与小臂，注意线的方向和位置；

舞裙：先用浅色线条画出大的形状；

腿：如何正确画出人体的重心，找准主力腿的位置；

小腿：（难点）先引导学生观察放大后的图片，从小腿到舞鞋能够看到是由不同的弧线组成的（结合幻灯），带领学生用线勾画出小腿到脚的形状；

教师：请同学们思考，波浪线可以表现人物的哪些形态？折线一般用来表现人物的什么？弧线用来画人物的什么？点和直线呢？

人类自身的姿态是世间万物中最美的事物，由于人有丰富的情感、情绪，所以也是画家们最爱表现的素材之一。但要想画好人物，比起动物、植物、风景来说要难得多，需要画者多加观察，多加练习。

教师展示不同特点的线条画的人物舞蹈。

教师出示孔雀裙的作品。

教师：同学们觉得舞裙应该是一种怎样的质地？可用什么方法画出来？

学生：在画舞者的舞裙时，轻纱一样的飘逸，可以用色粉笔画。画完后还会用手擦拭，色粉自然散开，表现不同出质地、不同角色、不同长短的样式。

（五）课堂作业

让学生学会用运动的形态表达情感。

（1）教师播放几段不同民族风情舞蹈，分别请学生分辨是什么民族的舞蹈？其动作特点是什么？

（2）在舞蹈片段中突然停顿，对着静止的画面临摹。

（3）针对作业难度，让学生对播放中的舞蹈影像进行快速记忆速写。

最后展示学生作品，学生互评、自评，教师评价。

五、教学反思

本课不仅仅从技法上教授学生如何画人物动态，还让学生学会在多变的舞姿中快速捕捉人物瞬间形象，获取美的感受。更重要的是学会把人的精神、情感与人体美相结合，从而把握人物整体的姿态美，进而体会人们美好的情感和健康的精神状态。

由于这种思想的引导，教学中没有过多强调好看的线条和效果。学生们在通俗的讲授中，潜移默化地加深了对人物绘画的理解，并且学会用带有自己特点的线条把人物速写变成个性化的叙述语言。课堂气氛活跃，效果显著。

不足之处是在专业化的理论与可操作性的技法之间的过渡衔接需要再多加考虑，让其更加自然顺畅。

六、教学资源

（1）http：//hi. baidu. com/％D6％D8％CE％C2％C4％C7％B8％F6％CA％B1％B4％FA/blog/item/872f8e141db85214203f2e05. html

（2）http：//photo. fengniao. com/pic_ 7121369. html

（3）http：//hi. baidu. com/327625453/album/item/f63f2f9cecdb2ce6c8eaf423. html#

音　乐　篇

初一年级

维吾尔族民歌

一、教材中的位置

本节采自《义务教育课程标准实验教科书·音乐》（五线谱）七年级，第十三册，第二单元《天山之春》，第 12 页。

二、民族团结教育切入点

本节在学唱维吾尔族歌曲的基础上，介绍维吾尔族民歌的特点及其代表性乐器，进而了解维吾尔族能歌善舞、热情好客的民族特点。

三、教学目标

（1）让学生体验维吾尔族歌曲《青春舞曲》的音乐情绪，感受维吾尔族歌曲的风格特征，认识手鼓、胡西塔尔等维吾尔族乐器。

（2）使学生了解维吾尔族能歌善舞、热情好客的传统，激发学生喜爱维吾尔族音乐的兴趣，引导学生要尊重不同民族的文化传统。

四、教学设计

（一）引言

维吾尔族是中国少数民族之一，主要聚集在新疆维吾尔自治区，大部分聚居区分布在天山以南。维吾尔族人个个能歌善舞，节日庆典大家一起载歌载舞。

今天我们学唱一首维吾尔族民歌《青春舞曲》，认识维吾尔族乐器——手鼓和胡西塔尔，感受维吾尔族音乐的特点。

（教师）笔记

（二）教授新知识

（1）欣赏维吾尔族歌曲《青春舞曲》，配合多媒体展示维吾尔族打手鼓、跳舞的画面。

（2）学唱《青春舞曲》，体会歌曲蕴含的哲理：有些事物可以失而复得，有些事物却是一去不复返。而人的青春正像那鸟儿一样，飞去后不再回头。

（3）介绍维吾尔族打击乐器——手鼓和拉弦乐器——胡西塔尔。

（4）介绍维吾尔族器乐套曲《十二木卡姆》，欣赏《乌夏克木卡姆达斯坦间奏曲》，听辨笛子、扬琴、胡西塔尔、手鼓等乐器的音色。

（三）维吾尔族民歌特征

我国是一个多民族国家，各民族拥有自己特有的民族文化，流传着特有的民族歌曲，各族民歌都有各自的特征，这里主要介绍维吾尔族民歌的特点。

维吾尔族主要聚居在我国新疆维吾尔自治区，有自己的民族文字。维吾尔族是由古代不同时期生活在漠北草原上的丁零、铁勒、高车、回纥等部族，与西域（塔里木盆地及其迤西一带）的各部族长期融合而成的。

维吾尔族继承了古代西域音乐中的"龟兹乐""疏勒乐""高昌乐""伊州乐"等音乐以及古代回纥音乐的传统，并与中原地区音乐、印度音乐、波斯—阿拉伯音乐长期交流，逐渐形成现代维吾尔族音乐文化。古代西域的龟兹（现今新疆库车附近），地处"丝绸之路"的要津，曾具有相当发达的音乐文化。它对西域各地的音乐以及中原地区音乐文化的发展曾产生过积极的影响。

维吾尔族是一个能歌善舞的民族。民族乐器有几十种之多，达甫鼓是用手指敲击的一种羊皮鼓，用于舞蹈和音乐合奏的伴奏。维吾尔族舞蹈的群众性很强，以轻巧、优美的舞姿和快速旋转、多变的艺术特点而著称。

木卡姆是维吾尔族的一种综合艺术形式，它包含有器乐、歌舞、说唱等成分。维吾尔族的木卡姆大致可分为五种：第一种是流行在喀什、库车、阿克苏、莎车一带的南疆木卡姆；第二种是流行在哈密、伊吾地区的哈密木卡姆；第三种是流行在吐鲁番的木卡姆；第四种是伊犁木卡姆；第五种是多朗木卡姆。除了吐鲁番的木卡姆为 9 套外，其余均是 12 套，共计 57 套。

（四）课后作业

（1）了解维吾尔族除了有手鼓和胡西塔尔两样代表乐器外，还有哪些常见乐器？

（2）学几个维吾尔族舞蹈特有的动作。

五、教学反思

（1）教学中可播放一些带有流行音乐元素的新民歌，激发学生学习的兴趣。

（2）通过聆听、演唱《青春舞曲》，引导学生用学科的专业知识研究少数民族音乐，学会举一反三，灵活运用。

六、教学资源

何晓兵：《音乐作品赏析教程——中国民歌》，北京，中国传媒大学出版社，2008。

（教师）笔记

（教师）
笔记

初二年级

少数民族民歌

一、教材中的位置

本节采自《义务教育课程标准实验教科书.音乐》（五线谱）九年级，第十八册，第二单元《多情的黑土地——阿里郎》，第14页。

二、民族团结教育切入点

本节通过学习《阿里郎》这首歌曲，了解歌曲所展现的朝鲜族人文景观和风俗民情，感受朝鲜民族音乐风格特点，进而让学生了解朝鲜族人民坚强不屈的性格特点。

三、教学目标

（1）让学生感受、体验朝鲜族的音乐情绪，认识、理解其音乐风格。

（2）通过学唱歌曲，使学生感受音乐所具有的表现力，领会音乐所表达的内在情感。

（3）使学生感受朝鲜族民歌特点，正确把握附点节奏，体验歌曲的螺旋式升降的旋律。

四、教学设计

(一) 导入

播放一段朝鲜族歌舞，请学生回答这段歌舞是哪个民族的？有什么特点？引入本课。

(二) 朝鲜族相关知识介绍

朝鲜族，中国的少数民族之一，中华民族的一部分。主要分布在黑龙江、吉林、辽宁三省，其中吉林省延边朝鲜族自治州多数居民使用朝鲜语和朝鲜文，杂居地区的朝鲜族通用汉语。

朝鲜族人民能歌善舞，且大多为即兴表演，歌舞活动具有较强的群众性。朝鲜族舞蹈优美典雅、刚柔相济，或抒情潇洒，或热情奔放，充分表现了朝鲜族柔中带刚、文而不弱、雅而不俗的民族性格。朝鲜族乐器有伽倻琴、长鼓。

(三) 歌曲《阿里郎》相关知识介绍及音乐特点

（1）介绍《阿里郎》的故事。
（2）欣赏并感受民歌《阿里郎》的音乐特点。这是一首民谣，曲调优美，委婉缠绵，有很多种不同风格的演绎形式。歌曲情绪温和，略带忧愁；节拍是四三拍，中速。
（3）介绍阿里郎组合。

(四) 学唱歌曲《阿里郎》

（1）师生共同讨论、分析歌曲的节拍、调式、节奏，共同解决重点、难点。
（2）教师带着学生分段学唱歌曲。
（3）朗诵歌词，体会歌词所表达的思想感情。
（4）创编表演。学习典型的朝鲜族舞蹈动作，结合音乐创编。

(五) 课后作业

（1）通过互联网查找朝鲜族著名的音乐家及代表作品。
（2）了解朝鲜族其他类型音乐，选取一种进行详细介绍。

（教师）
笔记

五、教学反思

（1）学生通过对《阿里郎》的分析和学习了解朝鲜族的特点，对民歌的节拍、调式、节奏进行细致的分析，从而让学生较全面地了解朝鲜族民歌。

（2）给予学生自主找出学习重点难点的机会，培养他们自主解决难点的机会。

（3）不足之处是在体会音乐情绪情感方面，方法不够灵活、生动，不利于激发学生的兴趣。

六、教学资源

（1）王沥沥：《民歌艺术》，太原，山西出版社，2008。

（2）中央音乐学院现代远程音乐教育学院网站。

图书在版编目(ＣＩＰ)数据

初中民族团结融入学科教育读本/北京市第五十六中学
编著. —北京:民族出版社,2014.8
（北京民族教育丛书）
ISBN 978 - 7 - 105 - 13363 - 5

Ⅰ.①初…　Ⅱ.①北…　Ⅲ.①民族团结—爱国主义教
育—初中—教学参考资料　Ⅳ.①G633.203

中国版本图书馆 CIP 数据核字(2014)第 187160 号

策划编辑:罗　焰　康厚桥
责任编辑:康厚桥
出版发行:民族出版社
地　　址:北京市和平里北街 14 号
邮　　编:100013
网　　址:http://www.e56.com.cn
印　　刷:北京民族印务有限责任公司
经　　销:各地新华书店经销
版　　次:2014 年 8 月第 1 版　2014 年 8 月北京第 1 次印刷
开　　本:787 毫米 × 1092 毫米　1/16　字数:250 千字
印　　张:14.25
定　　价:42.00 元
ISBN　978 - 7 - 105 - 13363 - 5/G·1909(汉 922)